シリーズ「遺跡を学ぶ」146

大配石と異形の土偶

金生遺跡

新津　健

新泉社

大配石と異形の土偶
—金生遺跡—

新津　健

【目次】

第1章　金生遺跡の発見

1　八ヶ岳南麓に縄文後・晩期の遺跡が

三つの驚嘆

一九八〇年八月、八ヶ岳山麓が騒然となった。金生（きんせい）遺跡の発掘調査がはじまり三カ月、予測もしなかった大配石遺構が顔をみせはじめたことが新聞やテレビで報道され、見学者が連日遺跡を訪れるようになったのである。とくに日曜日には静かな農村に車の列がつづき、農繁期ということもあり道路への駐車でトラブルが発生したこともあった。やがて大学や各地の研究者が訪れるようになり、調査の情報が全国にひろがっていった。

金生遺跡が話題になったのには三つの大きな理由がある。まずその一つには、金生遺跡は縄文後・晩期の遺跡だが、八ヶ岳南麓をはじめ甲府盆地一帯には後・晩期の遺跡が少なかったことがあげられる。八ヶ岳山麓は全国的に有名な縄文中期の遺跡が多いものの、後期や晩期の

図1●金生遺跡の大配石と八ヶ岳
手前に大形石棒、そのむこうに白くみえる花崗岩の大石、そして立石、さらに背後に八ヶ岳の頂。一直線にのびるこの視点は、当時も意識されていたのだろうか。

遺跡はほとんど知られていなかった。「縄文王国」と形容されるような世界に誇る豪華な装飾の土器が制作され、多くのムラが発達した中期をすぎると、その後は遺跡数が減少し、縄文人は関東地方などの海沿いの地域に移動してしまったのではないかとも考えられていたのだ。

二つ目はこの配石遺構の規模と特異さである。八ヶ岳の稜線を背景に、大小の安山岩や花崗岩が方形や円形に組みあわさり重なりあって顔を出しはじめたのだ。まるで河原のような累々たる石の群れ。複数の石棒や丸石をとり込みながら多くの土偶や土器が出土するその全貌には、だれをも惹きつける驚嘆の魅力があった。

そして三つ目は遺跡のまわりの景観である。南に均整のとれた富士の容姿を望み、西に南アルプスの高峰が連なり、東に金峰山(きんぷさん)をはじめとした秩父山塊、そして北に八ヶ岳の峰々を背景とする。この豊かな眺望景観もまた、多くの人

図2 ● 金生遺跡からみる富士
南方はるか御坂（みさか）山地の稜線上に浮かびあがる富士の容姿。写真中央やや左の林が史跡金生遺跡公園。

びとを惹きつけたのであった。

圃場整備から保存、そして史跡へ

金生遺跡の発掘は、圃場(ほじょう)整備事業という水田の区画整備に先だっての調査であった。工事終了後、土地は整然とした水田地帯に生まれ変わり、換地作業（水田の形や面積が変わることから の評価作業）をへて、元の耕作者に戻ることになっていた。

しかし、この八ヶ岳山麓で新たに発見された縄文後・晩期の大遺跡であり、その意義は非常に大きいこともあり、当時、山梨県内で遺跡の保存に大きくかかわっていた山梨県考古学協会や郷土研究会が遺跡保存運動に動きだした。

だが、県営の工事とはいえ、事業の負担や受益者は耕作者なのである。遺跡を保存して残すことになると、圃場整備工事範囲からその部分を除外しなければならない。そうした場合、工

図３●圃場整備事業完成後の水田にかこまれた金生遺跡
写真中央、木々にかこまれた区画が史跡金生遺跡公園。復元住居３棟の屋根がみえる。発掘された範囲は、さらに手前と奥の水田区画におよぶ。

事の設計変更や換地計画の見直しまで含み、耕作者個々人に影響がおよぶことになる。

このような大きな問題を抱えながらも、保存運動と相前後して山梨県教育委員会と地元大泉村教育委員会（当時）は、工事の地区除外や史跡としての保存にむけて関係機関と協議を重ね、結果的には農家・村・事業をまとめる地元土地改良区の理解と承諾をえて、配石遺構を含む遺跡の中央部三四〇〇平方メートルが地区除外となるにいたった。そして発掘調査終了後の一九八三年二月に国史跡指定、八四年に土地公有化、そして八八年から三年間の遺跡整備という経過をたどることとなったのである。

この一連の動きの背景に、発掘当時、山梨県教育委員会文化課にて文化財保護のリーダーであった、波木井市郎氏（故人）の先見性と堅実な行動があったことは記憶に新しい。

一方、金生遺跡の評価が急速にひろまった理

図4●試掘調査（1979年11月）
収穫が終わった後の水田を50cmほど掘ると土器が出土しはじめ、縄文後・晩期の遺跡であることがわかった。

由のひとつとして、メディアによる連日の報道活動をあげておきたい。

なお水田地帯は、地表に土器が散らばっていることによって遺跡の存在を知ることができる畑とちがい、あらかじめ遺跡範囲をつかむことがむずかしい。金生遺跡の場合も、工事計画が提出された段階で実施された試掘調査によってはじめて水田の床土（とこつち）下から大量の土器がみつかり、後・晩期の遺跡であることがわかった。金生遺跡の発掘調査後も、八ヶ岳山麓一帯では、圃場整備事業にともなう発掘によって後・晩期の遺跡が発見されはじめ、時代や時期によって集落の立地にちがいがあることがわかってきた。とくに後期から晩期の集落は、水田として開墾されやすい低地に面した場所に形成されていたことがわかってきたのである。その点からも金生遺跡の調査は研究の画期をもたらしたことになる。

2　富士山を望む地

金生遺跡はＪＲ中央本線長坂駅から北東の八ヶ岳方面に三キロほど進んだ、山梨県北杜（ほくと）市大泉町谷戸（やと）（発掘当時は北巨摩（きたこま）郡大泉村）に位置する。

ＪＲ中央本線で松本方面にむかい韮崎（にらさき）駅をすぎ、七里岩（しちりいわ）台地に上がると、車窓前方に八ヶ岳の姿が迫ってくる。この八ヶ岳は山梨県と長野県にまたがって広大な裾野をひろげる火山である。この南麓が山梨県側にあたり、ここからは標高二八九九メートルを最高点とする赤岳やその前衛の権現岳（ごんげんだけ）・編笠山（あみがさやま）を北方に望むことができる。

この南麓にあって標高七六〇～七八〇メートルのゆるやかに傾斜する幅一二〇メートルほどの尾根上に金生遺跡は立地する。遺跡の西側は湧水をともなう比高三～五メートルの浅い谷となっている。この金生の地に立つと南に富士山、西に日本第二の高さを誇る北岳をはじめとした南アルプス連山、東に秩父山塊の盟主金峰山などを望む、展望すこぶる良好な地であることがわかる。

長野県の諏訪湖から八ヶ岳西麓をへて南麓、さらには甲府盆地一帯に、縄文中期の大きな集落が点在する。それらを結ぶと中期文化の交流を物語るルートが浮かびあがる。その中心地の一つが八ヶ岳南麓だ。集落数が減少する晩期になっても金生の地に大規模な集落が形成された理由の一つに、このような伝統的な縄文ルートの存在を考えることができる。

加えて四方に特徴的な山容を望む立地とい

図5 ● 西方にみえる南アルプス連峰
右手のピラミッド形の山容が甲斐駒ヶ岳、中央やや左、わずかにみえる白い頂が北岳、その左につづく三つのピークが鳳凰三山で、右端（矢印）がオベリクスそびえる地蔵岳。手前左の林は中世の深草館（ふかくさやかた）跡。

図６ ● 金生遺跡の位置
中部山岳地方のほぼ中央にそびえる八ヶ岳。その南麓に位置するのが金生遺跡。
そこは諏訪盆地と甲府盆地を結ぶラインの中間にあたる。さらには日本海沿岸と
太平洋地域をつなぐのに適した位置でもある。

うのも、集落形成に大きくかかわったものと考えている。発掘時、共に調査を担当した八巻與志夫氏らと、西方にそびえる南アルプス地蔵岳の岩峰オベリスクや東方の金峰山の五丈岩(ごじょういわ)とよばれる特異な岩峰と大配石の立石群とのかかわりを論じながら作業を進めた記憶も残る。さらに、日没の太陽の位置について、その後興味深い現象に気づくのであるが、それは後述する。

この地域には豊富な湧水がいくつも知られている。旧村名「大泉村」の名は、標高一〇〇〇メートル付近にある大湧水に由来している。この標高にそって清涼な湧水が複数あり、山麓をうるおす河川の源となって、山林をはじめとして動植物の生育や人びとの暮らしに大きな影響をおよぼしてきたのだ。

このような環境に加え、八ヶ岳南麓に特有の北から南にゆるく傾斜する尾根、しかも西に接して比高三〜五メートルという浅い谷をもつ低位の尾根を選択した立地こそが、金生集落の意義と大きくかかわっていることになる。現在は、水田や山林にかこまれた山麓の一隅に史跡公園として整備され、活用がはかられている金生遺跡。縄文時代の景観とはだいぶ様相が異なるとはいえ、周囲の山並みや山麓の情景にはかつての趣をしのぶことができる。

表1　金生遺跡の発掘調査・整理報告書

1980年5〜12月	1回目：県営圃場整備事業にかかわる調査（山梨県教育委員会）
1989年3月	発掘調査報告書刊行
1988年9〜10月	2回目：史跡整備事業にかかわる調査（大泉村教育委員会〔当時〕）
1991年3月	保存整備事業報告書刊行
2010年4月	3回目：農道拡幅にともなう調査（北杜市教育委員会）

＊1980年調査の出土品・図面・写真類等は2009年度にすべて山梨県教育委員会から北杜市教育委員会に移管された。それを契機に出土遺物の再整理作業がおこなわれている。

第2章　あらわれた大配石遺構

1　石をめぐらす住居の出現

四一軒の住居

金生遺跡の発掘調査は山梨県教育委員会により、一九八〇年五月から一二月までおこなわれた。前年の試掘調査によって縄文後・晩期とともに中世（戦国期）の遺跡であることがわかり、その面積は二ヘクタールにもおよぶことが確認できていた。そのうち圃場整備工事区域を調査対象とし、さらに盛土で保存することにした中世の遺構の大半を除いた、工事によって削平されてしまう予定の縄文時代の遺構部分の発掘がおこなわれたのである。

調査の結果、前期と中期の住居も含むものの、後期から晩期を中心とした住居四一軒、配石遺構五基、石棺墓の一種とみられる配石墓一五基、土坑八基などがみつかり、配石をともなう大規模な集落遺跡であることが確認できた（図7）。住居は、前期初頭一軒、中期後半二軒、

20住
21住
18住
22住
27住
24住
14住
11住
10住
17住
30B住
30A住
25住
28住
26住
29住
2号配石
3号配石
5号配石
4号配石
8号土坑
16石組
38住
35住
15石組
14石組
36住
6土壙
5土壙
7土壙
9石組
3石組
6石組
37住
33住
32住
31住
34住
4石組
5石組
7石組
10石組
11石組
12石組
13石組
N
0
20m

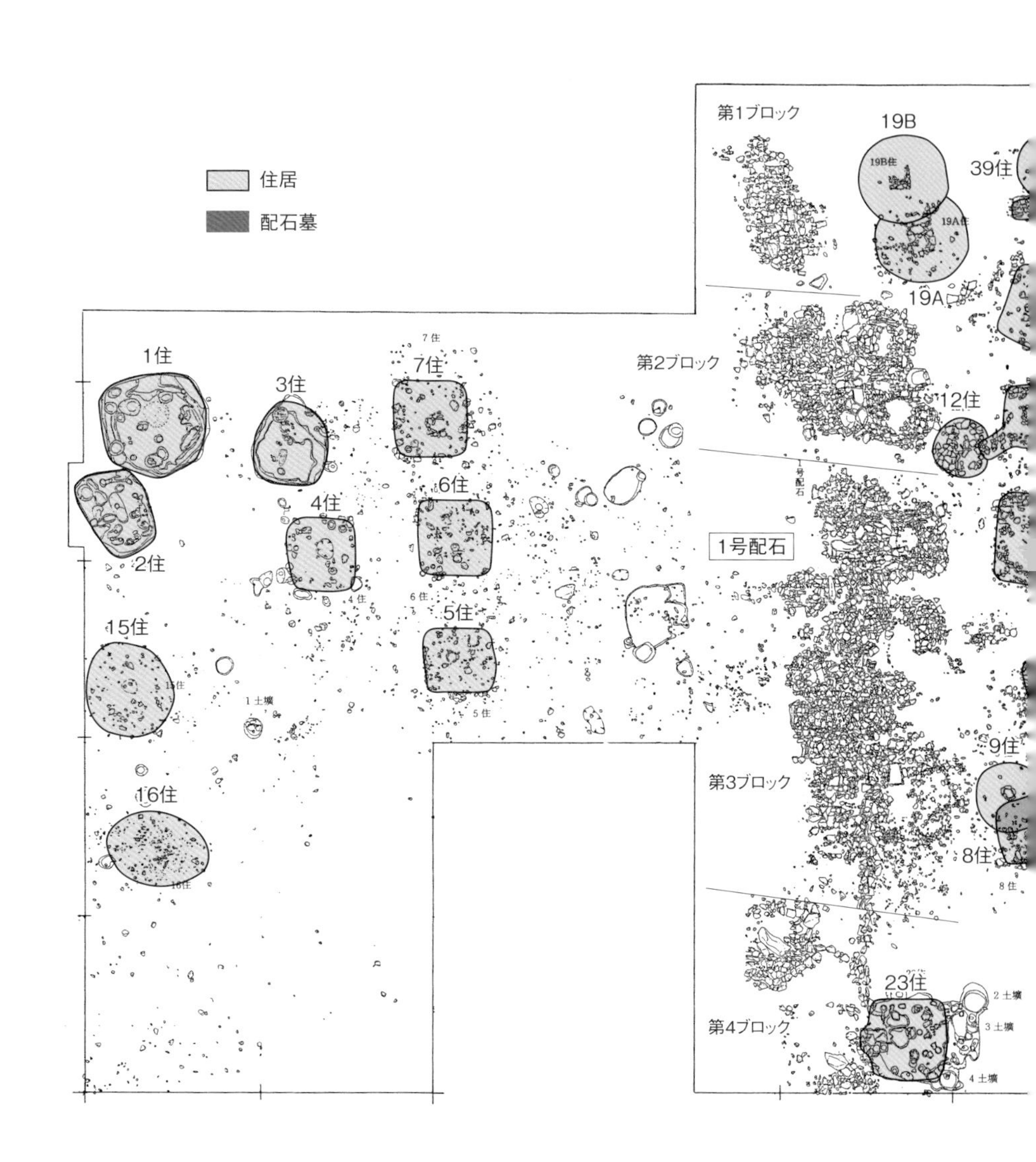

図7●発掘された遺構の位置
北（右）から南（左）にゆるく傾斜する尾根上に、住居や配石がつくられている。
左上の2住は前期、1住・3住は中期で、それ以外は後・晩期の住居。
1号配石の北方には晩期前葉の住居がならぶ。晩期後半の2号・3号配石や住居は、
中央部にコンパクトな配置をなす。

後期前葉六軒、中葉四軒、後葉八軒、晩期初頭三軒、前葉九軒、中葉四軒、後葉三軒、不明一軒となり、後期の終りごろから晩期の前半にかけてもっとも住居が多く、この時期に最大規模の配石がつくられたこともわかってきた。

石をめぐらす住居

床に石を敷きつめる住居を敷石住居とよぶ。このタイプの住居は中期終末に出現し、後期中ごろまでつくられることが知られている。金生遺跡からも後期前葉から中葉（堀之内式や加曽利B1式期）の敷石住居が発見されているのだが、後期中葉末から後葉になると、床に敷くのではなく周囲に石をめぐらす住居が登場し（図8①②）、晩期ではさらにきれいに石をめぐらすとともに大形化する（図8③）。

大きさは一辺四〜五メートルの方形を基調とするが、その南コーナーから幅二メートル、長さ四メートルの範囲に石を敷いた張り出しをもつ住居もある（図9）。この張り出し部については長方形の住居本体と一体になっていることから、入り口部分の敷石ととらえた。ほかにも住居から敷石が張り出している例があったことから、とくに晩期の住居については方形のコーナーに出入り口が設けられたものと考えている。

これらの住居をめぐる石には、一列のものとやや幅広く重なっているものとがあり、後者では外側が少し高く、内側にむかいやや傾斜している。本来は外側を高く積んでいた可能性がうかがえる。つまり、平地式あるいは浅い掘り込みのその傾斜にそって石を積んだのではないかという結論に至った。

こうした住居はほかの遺跡でもみつかっている。山梨県都留(つる)市の尾咲原(おざきはら)遺跡では、方形竪穴住居の壁側に石を積んでめぐらせていて、これが崩れて住居内側に落ち込んで出土した事例が報告されている。金生遺跡の例では、崩れた石にそれほどの段差がないことから竪穴ではないと考えた。住居をとりまく石列が確認された高さは隣接する配石を構成する石の高さと大差な

①４号住居（後期中ごろ）

②５号住居（後期後半）

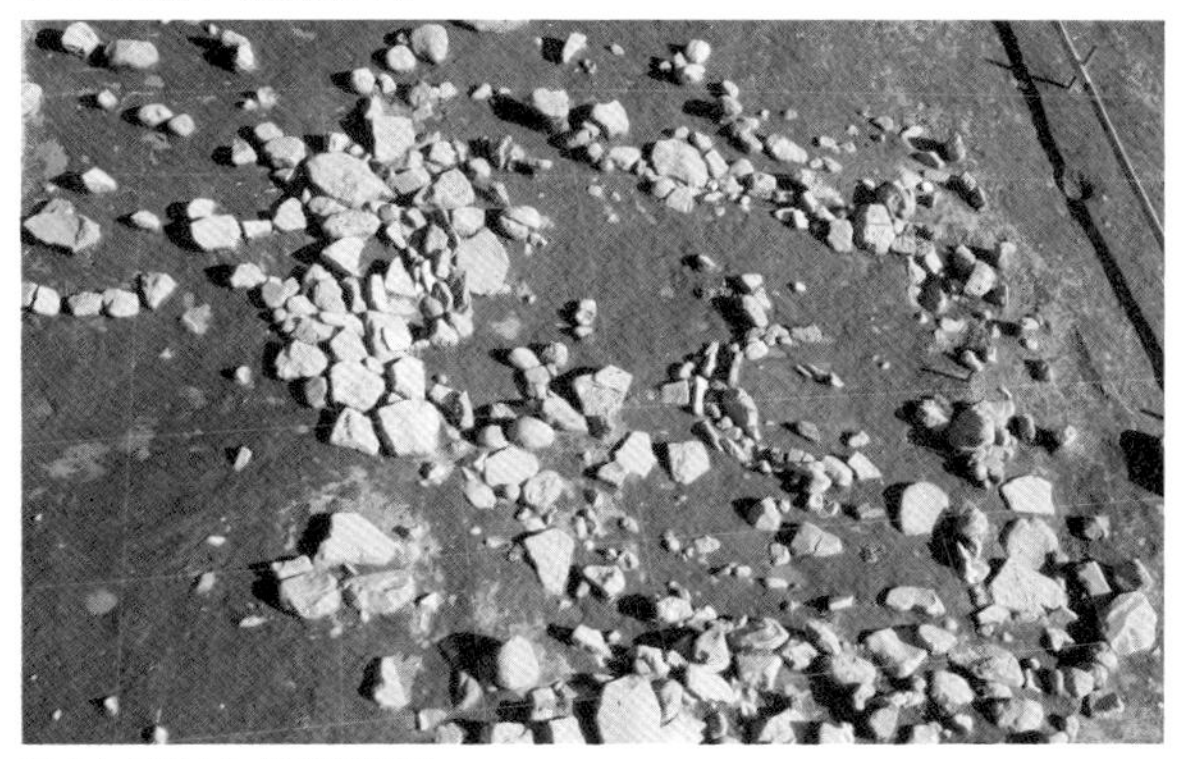

③11号住居（晩期前半）

図８●石をめぐらす住居
住居の外周にそうように石がならぶことから「周石住居」とよんだ。金生遺跡では、後期中ごろにはじまり、晩期に発達する。

い。配石が地表に出ていたとすれば、住居も平地式であったことになる。

このように石を方形にめぐらす類例は、金生遺跡の北東三キロに位置する石堂遺跡、東方四キロの青木遺跡でもみられる。八ヶ岳山麓にて後期後半から晩期にこのような形態が発達したと考えて、私はこうした住居を「方形周石住居」とよんだ。平地式であることから、内部の居住空間のひろさや高さを考えると、屋根を地面に直接葺き下ろす構造ではなく、壁立ちの建物であったと推測されるのだ。これについては第5章でくわしくふれよう。

住居内には炉が設けられている。炉の石のめぐり方や大きさでいくつかの種類があり、四角や円形で、二重に石をめぐらすタイプや炉石のまわりに平らな石を敷いているものもみられた。いずれの炉も内部は赤く焼けた土が堆積しており、盛んに火が焚かれていたことを物語る。後期終末では方形の石囲い炉がみられ（図10①）、晩期初頭でもその傾向が残る（図10②）ものの、晩期全体では円形が主流といえよう（図10③〜⑥）。

図9 ● **張り出しのある住居**（晩期：18号住居）
石をめぐらした方形の住居の南側（左）コーナーから石敷が張り出している。
平らに敷きつめられていることから、入り口部分と考えている。

図10 ● 石囲い炉の種類
住居の内部には石でかこまれた炉が設けられている。後期後半から晩期はじめには方形の石組みだが（①②）、晩期では円形が多い（③〜⑥）。炉にそって平石をおいている例もある（①②⑥）。

2 祈りの場――1号配石

配石遺構とは

配石遺構とは、大小の石を用いて形づくられた住居以外の遺構のことで、墓や祈りの場などを含んでいる。金生遺跡では五基発見されたが、規模および構成要素にちがいがある。もっとも注目された1号配石からみていこう。

1号配石は、遺跡が形成された尾根を東西に横切るかのように、南北一〇メートル、東西六〇メートルの範囲に大量の石を用いて築かれた遺構である（図11）。発見当初、おびただしい数の石が積み重なっている光景はまるで河原のようで、石のあいだに堆積した土のなかから土器片や土偶、耳飾りがたくさん出土しはじめた。

調査が進むにつれて、大きな石棒や丸石、それに立石があることがわかってきた。このあたりではめずらしい後期後半から晩期の土器が多く、石のならび方にも方形や円形をしたいくつかの組み合わせがあることがみえてきて、しかも配石の中心には石棺状の石組みがあることもあきらかになってきた。この時点で、晩期を中心とした祭祀性の強い大配石遺構という報道がなされ、県内外から多くの研究者が訪れ、保存問題も提起されるようになったのである。

このような評価のなか、配石全体のひろがりとともに配石の構成要素や単位をつかむことを目標として、保存を念頭におきながら調査を進めることとなった。つまり、上部の浮いた石を必要最小限はずすにとどめて、配石を解体するような下部の調査はおこなわないこととした。

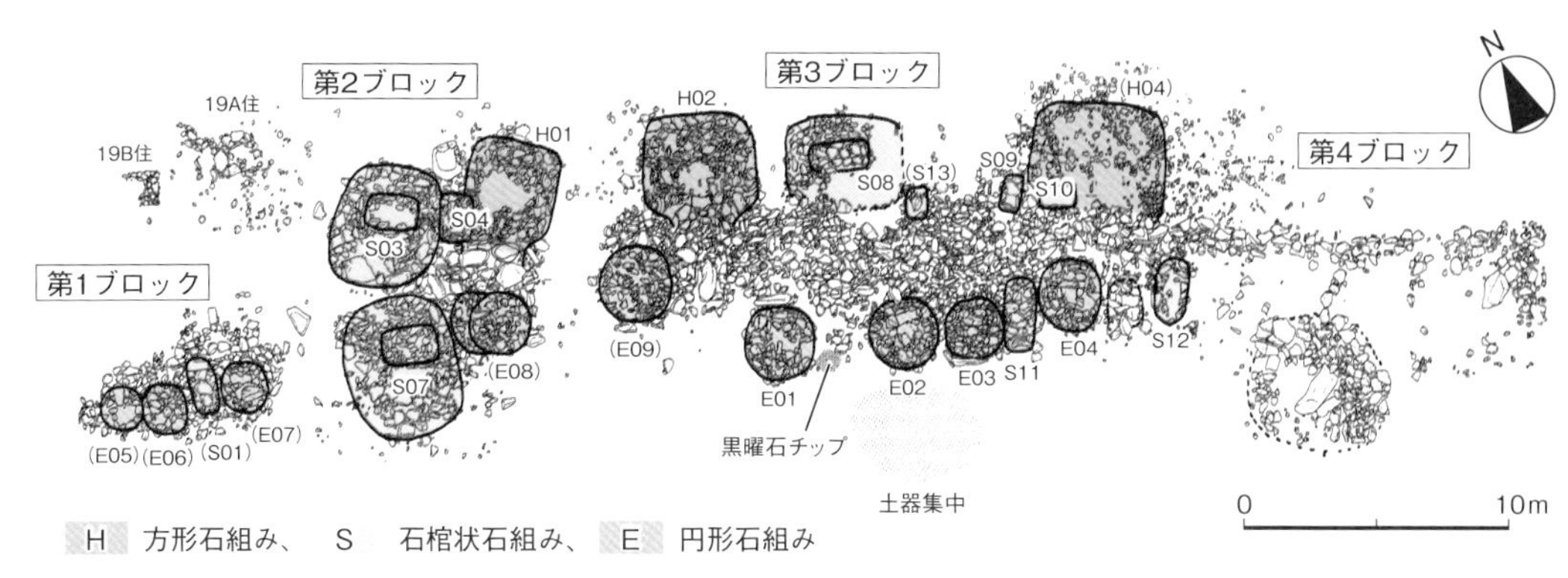

図11 ● 1号配石

尾根を西（手前）から東に横断して多量の石のブロックがつづく。手前が第2ブロック、少し間隔をおいて第3ブロックから第4ブロックへとつながる。各ブロックには、上の図のような各種の石組みがある。写真の左奥から右手前へと下る尾根の傾斜にもとづき、配石も左上から右手前へ傾斜して構築していることがわかる。

1号配石の性格

そのため表面からの観察ではあるが、この段階でわかった配石の性格はつぎのとおりである。

・北から南にゆるやかに傾斜する尾根を横切って、東西に石をならべている。

・配石の幅は一〇メートルほどであるが、北側と南側とでは一・五メートルほどの高低差があることから、尾根の傾斜をカットして石を積み重ねた可能性がある。

・東西六〇メートルの長さでつづいているものの、空間部もあることから、配石は少なくとも四つのブロックから構成される。

・方形石組み、円形石組み、石棺状石組みなどから構成され、石棒・丸石・立石なども多くみられる。

・配石を形成する石の多くはこの山麓に産出する複輝石安山岩である。八キロほど西に離れた釜無川（富士川の上流）の花崗岩類の大石も用いられている。

・構築された時期は後期後葉から晩期前半とみられ、住居は配石遺構の南側と北側とに分布しているものの、晩期の住居は北側に集中する傾向が強くなる。

以上から、配石はいくつかの特定の墓を中心につくられた祭祀遺構で、それも大量の石が運ばれていることから、八ヶ岳山麓一帯の縄文集落がかかわる祭祀の場である、と考えた。しかし、配石の下を調査することなく埋設して保存が図られたことから、遺構の構成の詳細な検討や時期的な変遷をふまえたうえでの分析をおこなうことはできなかった。その後、史跡指定をへて整備事業がおこなわれるに際して、大泉村教育委員会の伊藤公明氏（当時）を中心に、一部ではあるが配石下部の調査が実施されたことから、つぎのようなことがわかってきた。

配石がつくられた時期

整備事業にともなう配石下部の調査では、S11と名づけた蓋石がある石棺状石組みのなかから後期後葉の土器が出土したことから、この段階の配石が元になって晩期に至り複数の石組み遺構に発達したものと思われる。配石全体から東北地方系の土器（大洞B式やBC式系統）や、中部地方から東海地方系に特徴的な土器（清水天王山式）が多く出土したことからも晩期前半期に盛行したことがわかる。さらに整備事業の際に、H01と名づけた第2ブロックにある方形石組みの内部から晩期前半（関東の安行3b式系）に位置づけられる皿状の土器が出土している。

なお、入り口部からひげ状に張り出す石列をともなった後期中ごろ（加曽利B2式期）の敷石住居（23号住居）がこの1号配石の東端付近に位置している

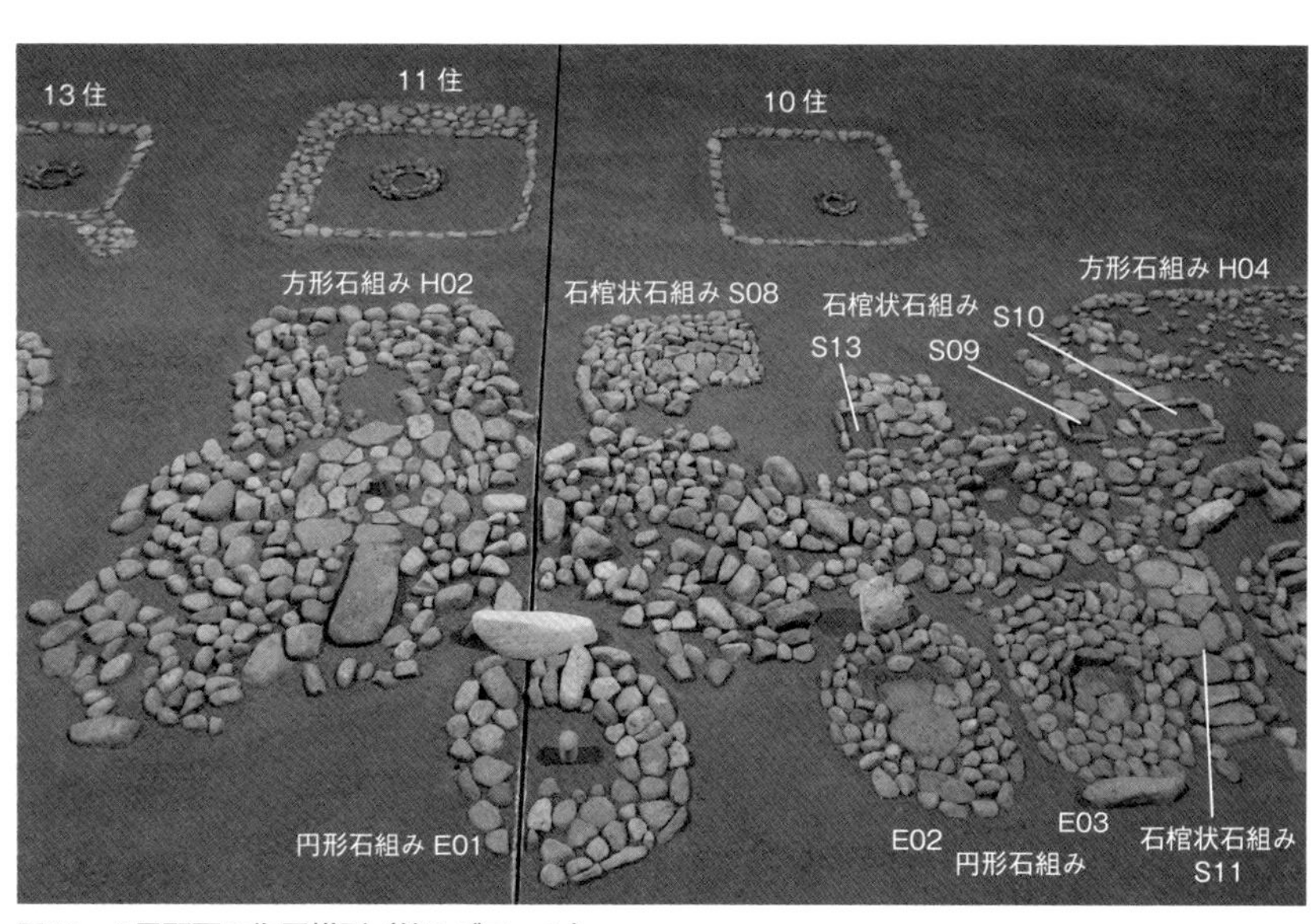

図12 ● 1号配石の復元模型（第3ブロック）
北杜市考古資料館に展示してある模型。それぞれの石組みや立石などをわかりやすく復元している。白石は花崗岩類、灰色などは安山岩をあらわす。後方は住居。

ことから、配石遺構にくわしい石坂茂氏は、このような住居入り口部の石列が発達して大規模な配石に展開した可能性を指摘している。先にもふれた東方四キロに位置する青木遺跡からもひげ状の張り出しをもった敷石住居に隣接して後期中ごろの石棺墓群がつくられており、傾聴すべき意見である。金生遺跡でも、このような後期中ごろの配石の場が活用されて、後に1号配石に発達したことは十分に考えねばならないが、同時期の住居の配列や配石の方向性などもあわせて考えると、直接には後期後葉の配石墓から発達したと考えておこう。

方形石組みと石棺状石組み

1号配石は、空間部や石のまとまりから四つのブロックに分けることができる。各ブロックは方形石組み、円形石組み、石棺状石組みから構成され、各所に丸石・立石・石棒をともなう。

このような構成の典型は第2ブロックでみることができる（図13）。まず配石北側部分にH01と名づけた一辺が四メートルほどの方形石組みがあり、その西側に隣接して、焼けた人骨の小部位を納めた石棺状石組みS03がある。この人骨は頭骨、手足、骨盤の破片で、細片ながら身体の各部位を納めている。この石棺状石組みのまわりにはさらに石が積まれており、あたかも古墳の竪穴式石室のような形である。

これらの施設が墓にかかわることは確かと思われるが、人骨が残る例はきわめて少ない。したがって一次葬というよりも、二次葬に至るまでの遺体収納施設、あるいは二次葬そのものの施設、または特定の骨を納める施設の可能性がある。

石棺状石組み S03

S03 内部（左奥隅に土製耳飾り、右側面に焼人骨片がみえる）

円形石組み E08 と石棒

図13 ● 第2ブロック全景（北側から）
東西8m、南北10mの範囲に、方形石組みH01と石棺状石組みS03を中心にして、いくつもの石組み遺構がつくられ、さらに多くの石を積み重ねている。

この方形石組みH01と石棺状石組みS03のあいだからは、小形の石棺状石組みS04がみつかった。これらの一群の南にも石棺状石組みなどが複数確認されている。このように円形や石棺状の石組みが群在しているが、H01とS03の二つの施設を中心に第2ブロックが形成された印象がある。そして一度使用されて終わりではなく、くり返し使われる場であったと思われる。

南北につらなる施設

このことは、隣の第3ブロックではさらに鮮明だ（図14）。ここでも北側にH02とした中央に空間部をもつ一辺四メートルほどの方形石組みがあり、東側には石敷のある石棺状石組みS08がつくられた。この構成は第2ブロックのH01・S03と左右の配置が異なるだけで、じつによく似ている。

この方形石組みH02の南辺には立石をともなった平石がおかれており、さらにその南側は斜面となって大石にまで至っている。この構成をみると、北側から方形石組み（H02）→平石・立石→斜面の石積み→大石というように軸が通っているようだ。平面図をみると（図11・12参照）、あたかも中期終末に盛行する柄鏡形（えかがみがた）敷石住居のような形態である。

実際、H01からH04とした方形石組み遺構を住居とし、全体の配石をここから張り出した施設ではないかと説く研究者もいる。しかし、床としての空間部が狭いこと、炉跡がないこと、時期が晩期であることから後期に発達した張り出し部をもつ住居とは異なるものと考えている。ただし、中央部に狭いながらも空間部をもつことから、ここに屋根や壁のある祭祀にかかわるなんらかの建物があった可能性もある。とくに隣接する石棺状石組みとセットになった埋葬や祭祀にかかわる場であったと考えている。

さらに、配石ブロックの南側下段からは直径二メートルほどの円形石組みが複数発見された。とくに円形石組みE01の中央部からは太さ二〇センチ、長さ五〇センチの大形石棒が横倒しでみつかった。本来は立っていたものと思われ、遺構写真ではその状態でも撮影した（**図15**①②）。

各ブロックに共通するのは、配石の南端にこのような円形石組みが位置することだ。円形石組みは立石、平石、石棒などをともなっている。その組み合わせには、**図16**に示したように四種類のパターンがある。加えて円形にかこむ石の積み方も、平らな面を上にした平置き積み、斜置き積み、石の側面を立てておく側面積みなどがあり、立石にも縦型と横型とがある。また円形石組みの内面は、土のまま床としているもの（**図15**①）と平石

図14 ● 第３ブロック全景（北西側から）
中央に狭い空間をもつ方形石組みH02の南辺（右手）には平石が敷かれ、立石もともなうようだ。この立石は発掘時には横に倒れていた。さらに斜面の石積みをへて直線的には大石にいたるが、東に下ると大形石棒のある円形石組みE01に達する。

①円形石組み E01 と石棒

② E01 の石棒を立てた状態

③第 3 ブロックと石棺状石組み S08 ほか

④石敷の石棺状石組み S08

⑤蓋石がある石棺状石組み S11

⑥石敷の円形石組み E04

図15 ● さまざまな石組み

1号配石を構成する主要な遺構に、円形石組みと石棺状石組みがある。円形石組みでは石棒・丸石・立石などをともなっていたり、底面に平石を敷くものもある。また上面に平石で蓋をした石棺状石組みもある。

を敷くもの（図15⑥）との二種類があり、変化に富んでいる。このような円形石組みも一連の祭祀・儀式のなかで使われた埋葬・葬送のための施設と考えている。

南から北をみあげる

このように各種の石組み遺構から構成される配石であるが、方向性、つまりどちらからこの配石をみるのだろうか。

配石の北側と南側とでは一・五メートルほどの高低差があることは先にふれた。北側の方形石組みH01、H02、H04の箇所はほぼ平坦だが、その南側からは急傾斜となり、さらに下段の円形石組みのところでふたたび平坦となる。配石中央部の大きな石が連なっておかれている箇所が斜面となっていることから、この部分の尾根がカットされて造成されている可能性がある。つまり高低差がつくり出されたことになる。このカットしたライン上に大きな石がならべられ、配石の基盤になっているようにも思われる。

このことから、南から北をみあげることを意識して構築されたのではないかと考えている（図17）。そうした場合、

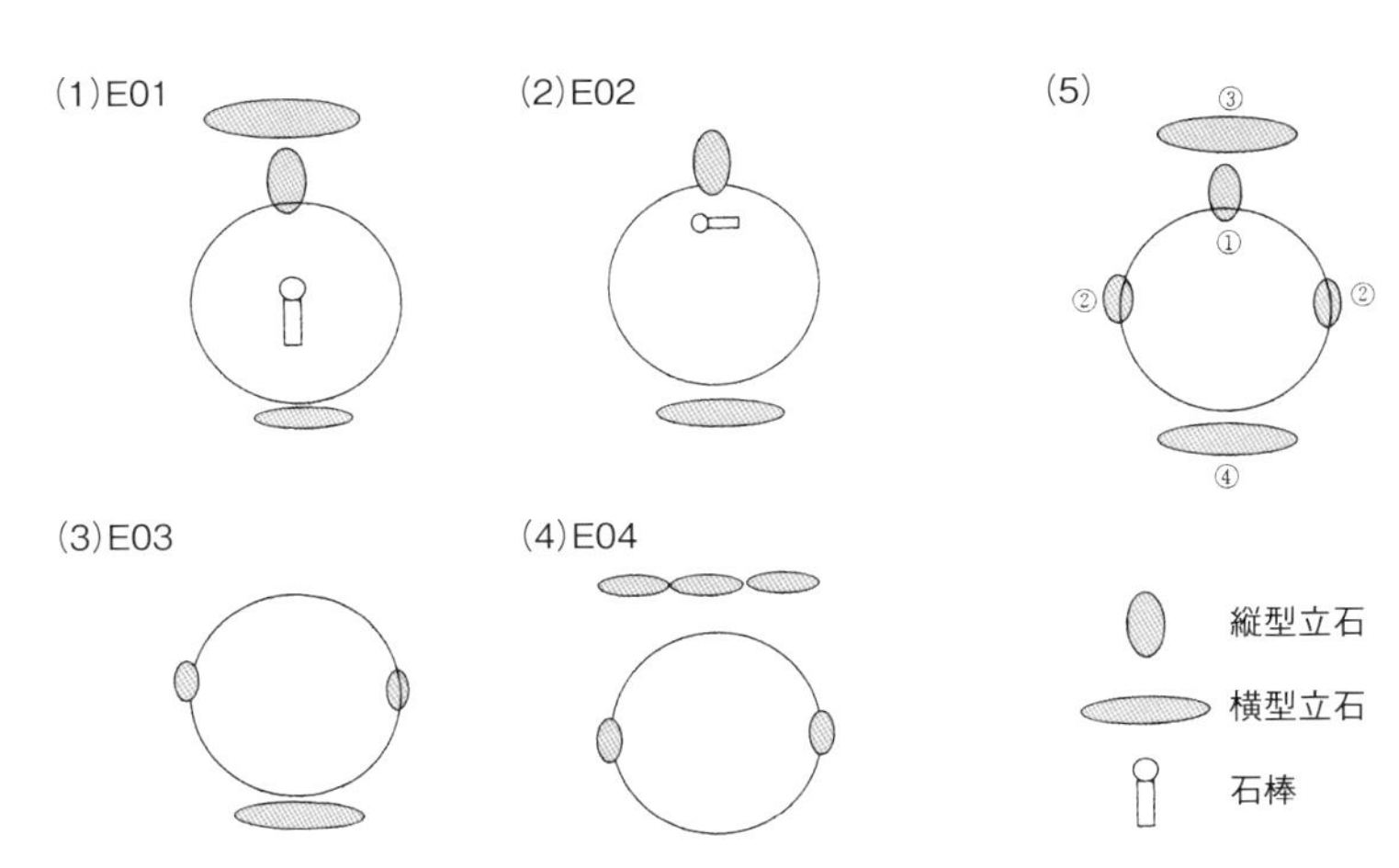

図16 ● 円形石組みのパターン
円形石組みと立石（縦型と横型がある）の位置および組み合わせには、（1）～（4）の四種のパターンがある。これらをすべて表現したのが（5）である。石棒も図示してみた。

方形石組みＨ01、Ｈ02、石棺状石組みＳ03、Ｓ08にはすでに推測したように一部ながら上屋をともなった建物があり、それを南から拝観するような行為がなされたのではないだろうか。

１号配石の南側前面には土器や石器が集中する箇所があったが（図11上参照）、祭祀行為がおこなわれた広場だったのかもしれない。ともあれ、晩期前半段階での１号配石の機能は、石棺状石組みに代表される特定の墓を中心として発達した祭祀の場であったと考えておきたい。しかも、いくつかのブロックとして一定のまとまりがみられることは、金生集落に住んだ人びとのみならず、この山麓一帯を生活の舞台としたいくつかの集落の祭祀場所であった可能性がある。さらなる解明にはこれからの１号配石内部の調査を期待したい。

なお、１号配石は土器や石器などの出土品が非常に多く、破片を含めた土偶が四一点、耳飾りが九一点を数え、遺跡全体のなかで土偶が一八パーセント、耳飾りが一六パーセントを占めている。そのほか石棒の二二点、石鏃の三二二点はそれぞれ一七パーセント前後を占め、これらの数値からもこの配石の重要性をうかがうことができる。

図17●南面からみた第3ブロック
配石の北（奥）と南（手前）とでは1.5mほどの高低差がある。石の積み方からみても、南から北をみあげることが意識されていたように思われる。

3　石棒と石剣――4号・5号配石

1号配石が晩期住居群の前面である南側に長年にわたり構築されつづけたのにたいして、4号配石と5号配石は集落の北側に位置し、時期は晩期前半に限られ、小型である。とくに4号配石は石の密度が低く、遺構の形状や構成する要素もわかりにくい。

しかし、周辺には、配石墓（36頁「5　配石墓」参照）とみられる石組み遺構が複数あることから、これらの密集域であったと思われる。耳飾り一五点や土偶二点、それに1号配石から出土した大形石棒に類した石棒も出土している（図26⑧参照）。

5号配石は、形状が不確定な4号配石にくらべ石の密集度は高く、盛りあがって積まれた石を徐々にはがしていくと、石棺墓の集合体の様相がわかってきた（図18）。最終的には検出面で三基、下部から三基の合計六基の配石墓であることが確認できた。

石剣(せっけん)とよばれる石製品が二点出土したが、このうちの一つは磨製石斧(ませいせきふ)を枕状にしておかれていた。また壺や皿形の土器が出土したが、これらは東北系の土器で（大洞BC～C1式に比定される）、副葬品と考えられる。土偶四点、耳飾り七点も出土した。時期は晩期前半にかぎられることから、1号配石とちがい、金生集落そのものの墓域と考えている。なお、石剣とは石棒から変化した晩期特有の石製品といわれているが、両刃状に整形されていることから、金属器の模倣と考えることもできる。この点については第4章でくわしくふれよう。

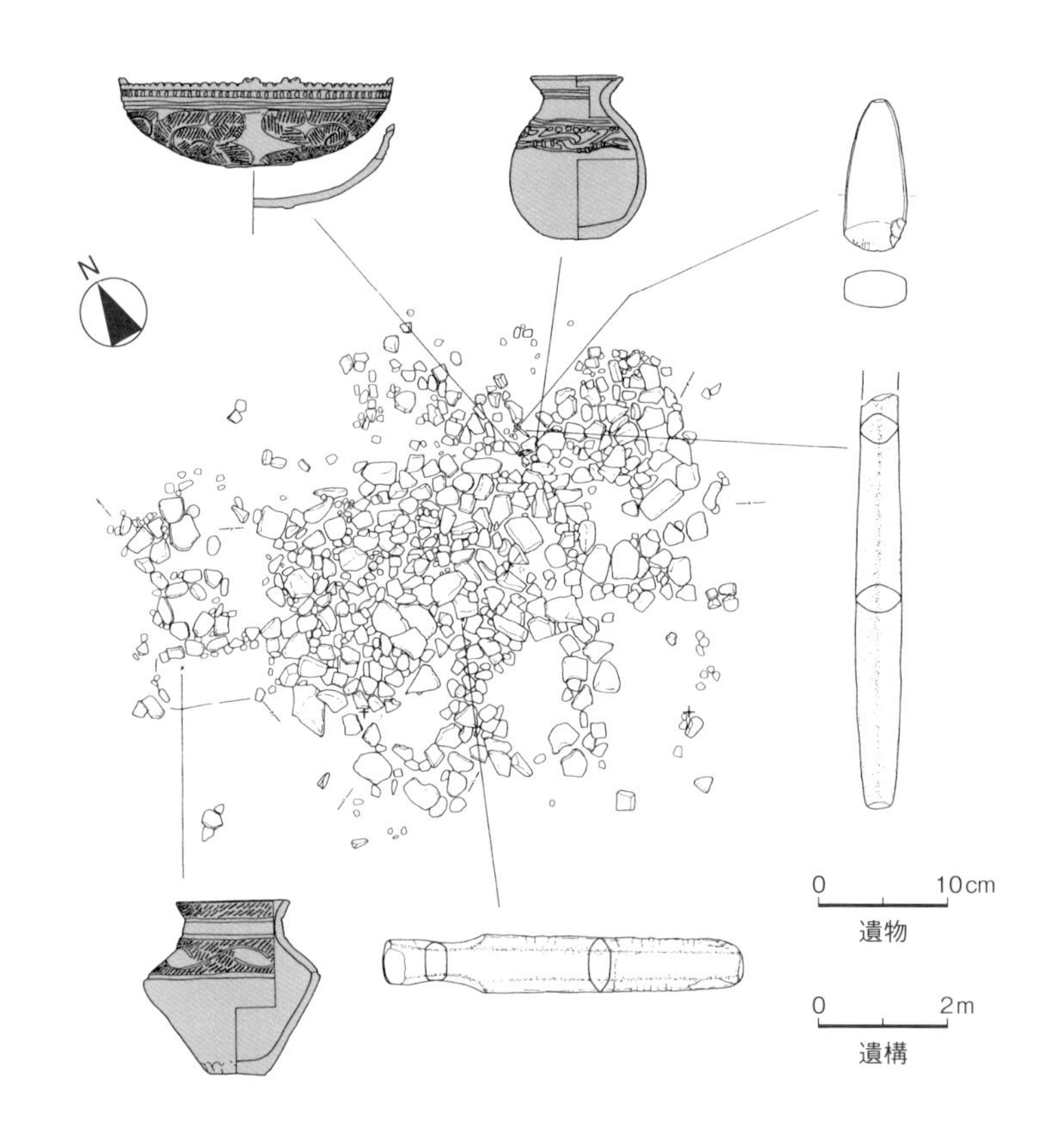

図18 ● 5号配石
東西8m、南北6mで、配石墓が集合したものとみられる。図のように、壺や皿とともに、石剣2本が出土した。副葬品とみられる。

4　金生最後の配石——2号・3号配石

2号配石

2号配石は1号配石の北側二〇メートル離れた場所に位置する。南北が二・四ないし三メートル、東西二・三メートルの円形状に石が集められており、中央が空間になっていることから、本来は周囲に石がめぐらせていたものの崩れてしまったものとみられる（図19）。

小型ながらじつに特徴的な要素をもっている。まず南側には直径三〇センチほどの丸石を二個ならべ、その北側に接して長さ一・二メートルの長方形の石をおいている。この長方形の石の両端から内側の空間をかこむかのように二〇〜四〇センチの大きさの石をならべ、全体として円形状の配石を形づくっている。

第二の特徴は、石棒が複数出土していることである。石棒は四本あり、内一本は長さ三三センチの完形大形石棒である。これらは空間部の北側に集中しており、本来は立てられていたのかもしれない。南側に丸石、北側に石棒という配置にはなにかしら意味がありそうだ。

第三の特徴として、中空土偶の出土があげられる（図34参照）。頭頂部と口先の一部を欠くほかはほぼ完全な高さ二三・三センチの土偶である。透かし状の目、突き出た口、腰の張った下半身に直接頭部がのっているような不思議な形である。東北地方で発達した遮光器（しゃこうき）土偶の流れのなかから生まれた土偶と考えている。第3章でくわしくふれよう。

この土偶は石棒の近くから仰むけ状態で出土した。この完形土偶以外にも中空になっている

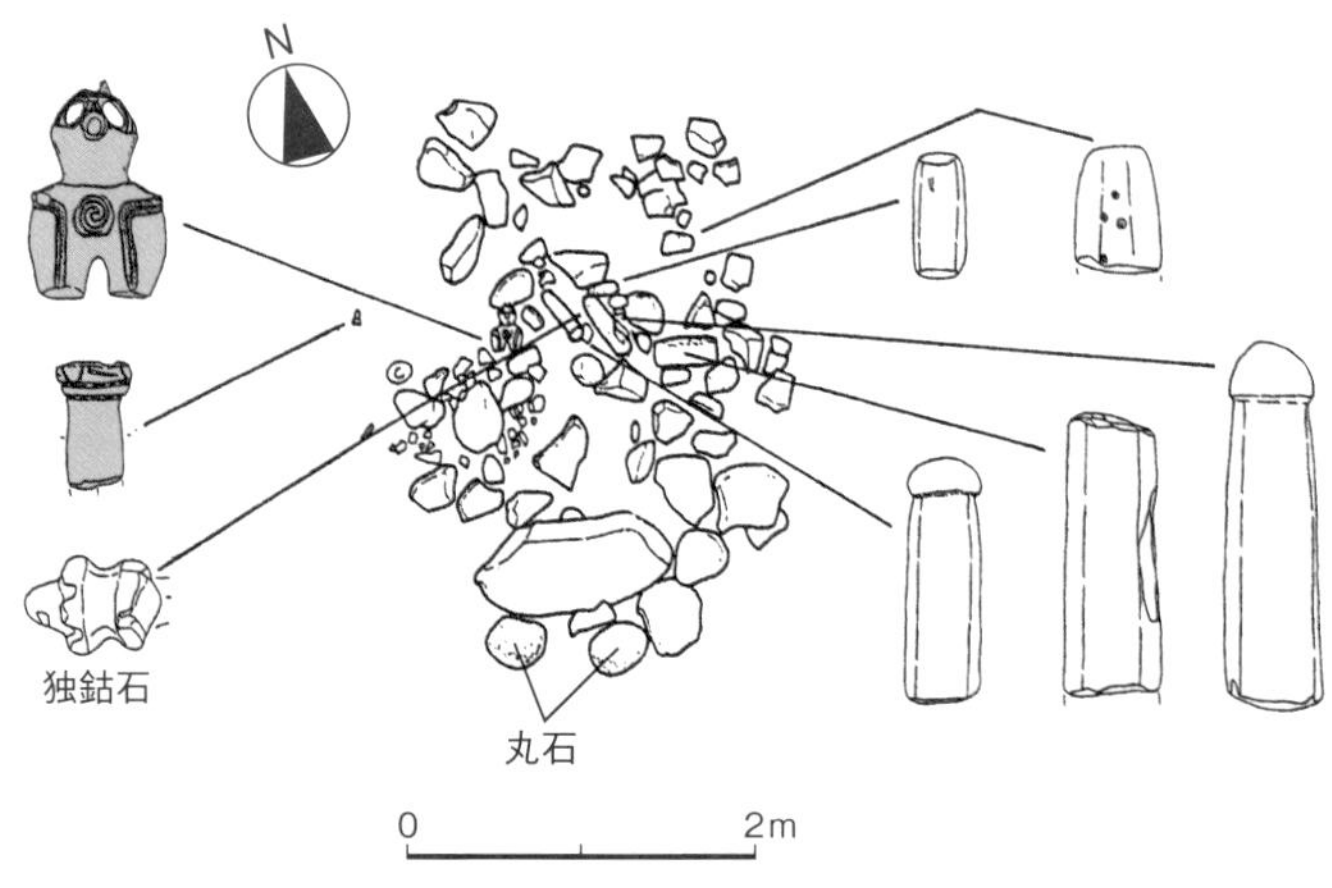

図19●2号配石
丸石を正面にした配石で、石棒や中空土偶、それに多くの土器が出土した。祭祀場なのか墓なのか。

足の破片が出土していることから、このような異様な形状の土偶が複数つくられていたことがわかる。

2号配石では以上のような特徴に加えて、壺形や瓢簞形、皿、鉢形などの土器がたくさん出土した（図20）。また、晩期に特有の「独鈷石（どっこいし）」という祭祀に用いたとみられる石器も一点出土した（図19上および52頁参照）。このように土偶や石棒も含めてなにかしら祈りにかかわる遺物が多いことから、この配石は祭祀用具を納める、あるいは埋納する場所ではないかと考えた。しかし、この配石も保存が決まったことから配石の下は発掘せず、墓であった可能性も残されている。2号配石の時期については、出土土器からみて晩期中葉後半から後葉前半と位置づけている。東北地方や西日本の様相を含みながら中部地方で発展した土器類である。金生集落最後の時期の配石ということになる。

図20 ● 2号配石の土器
大小の壺や鉢、それに注口土器がある。黒く磨かれ、しかも口縁が内側に短く立ちあがる小形壺には、西日本的な要素がうかがわれる。

3号配石

2号配石の東側約四メートル地点から、東西約七・五メートル、南北約二・五メートルの範囲に石がならんで発見された。配石の上面はほぼ平坦であったことから、敷石住居の一部あるいは複数の配石墓かとも考え周囲や下部も調査したが、そのような痕跡は確認できなかった。

遺物は少ないが、口縁をわずかに欠くほぼ完全な埦(わん)状の浅鉢形土器が出土した。網状の浮線文がつけられていることから晩期終末の土器であることがわかる。ほかにも同じ時期の土器破片が数点出土したことから、この配石は2号配石の新しい段階と同じころの遺構とみられる。2号配石やこの時期の住居三軒の近くに位置することから、これらの遺構とのかかわりがある配石かもしれない。性格はよくわからないが、金生遺跡最後の時期の遺構である。

5 配石墓

いままでみてきた周石住居や大規模な配石遺構以外にも石を用いた遺構がある。単独の配石墓である。

配石墓とは、墓穴の底や壁、上面あるいはその一部に石材を用いた埋葬にかかわる遺構をさす。1号配石のように石棺状の遺構や各種の石組み群が密集する祭祀的な意味あいが強い施設、あるいは5号配石のような配石墓がいくつか集まった規模の大きい遺構がある反面、単独に築かれた配石墓も同時期に存在していたことになる。それぞれの役割にちがいがあったのかもし

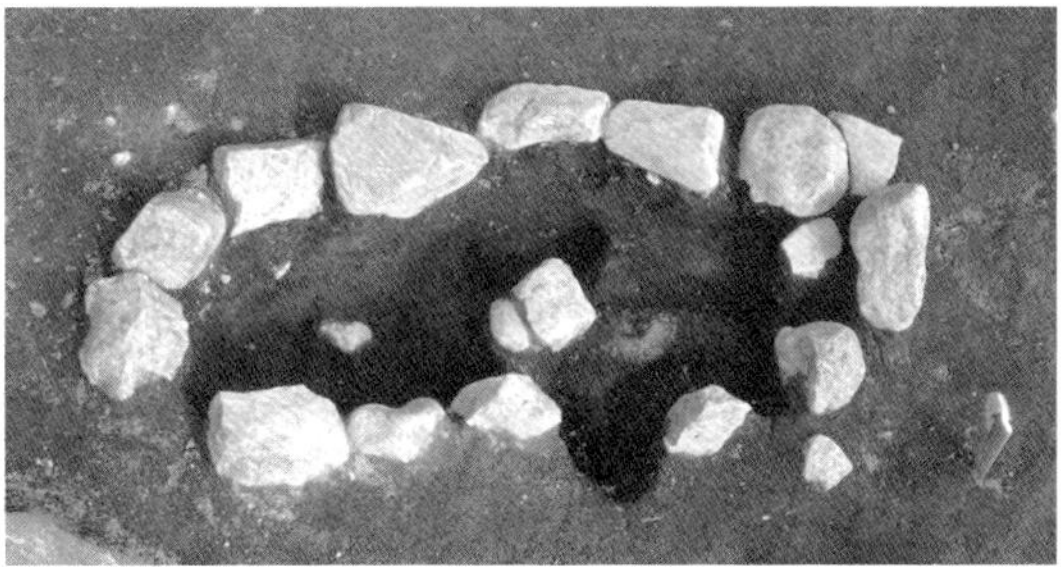

①３号配石墓

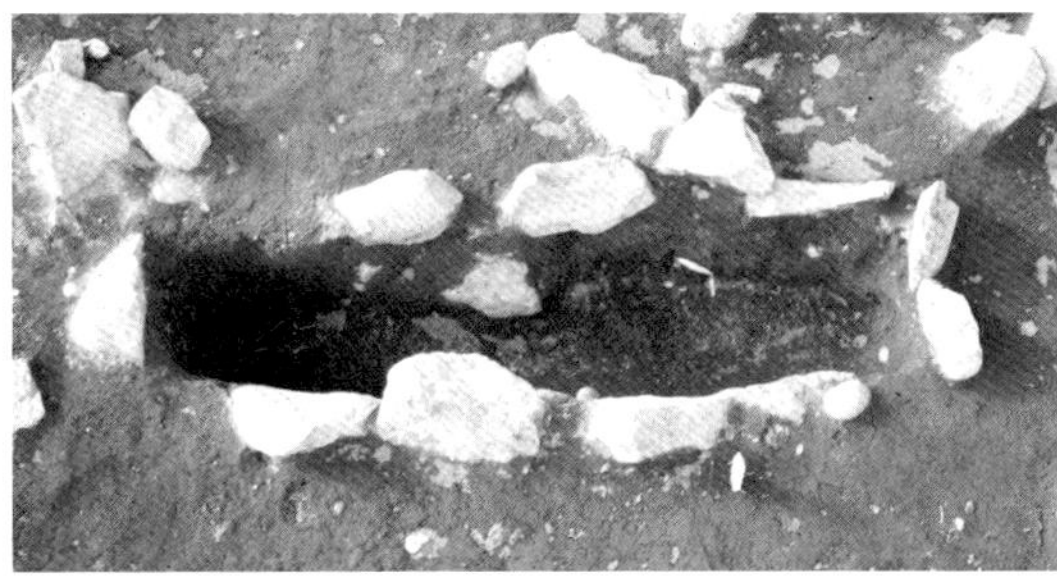

②６号配石墓

③16号配石墓

図21 ● 配石墓
金生遺跡の配石墓は長方形の穴の縁に石をめぐらせたものが多いが、底に石を敷いたものが2基みられた。

れない。

　金生遺跡の配石墓は長方形の穴の縁に石をめぐらせたり（**図21**①②）、底面に石を敷いたり（**図21**③）するもので、一五基が確認された（8号は欠番）。なかには16号配石墓のように長さ二・六メートル、幅一・五メートルと大きなものもあるが、多くは長軸一〜一・八メートル、短軸〇・八〜一・二メートルである。内部から人骨は発見されていないが、規模や形態、それに各地の事例と照らしあわせてやはり墓であると考えている。

6 金生ムラの変遷

石鏃が多い金生ムラの石器

以上みてきたように、金生遺跡は墓を中心とした祭祀センターともいえるムラであった。それでは金生ムラは居住集落ではなかったのだろうか。この点を出土した石器からみていこう。

金生遺跡からは石器もたくさん出土している（図22）。石鏃一九三一点、打製石斧四〇〇点、磨石四四八点、磨製石斧一五二点、石皿三七点、砥石七九点、石錐五一点、石棒類一三三点、石錘八点、軽石三点となる。もっとも多いのが石鏃で石器類合計の五九パーセントを占める。つぎに磨石の一四パーセント、そして打製石斧の一二パーセントとつづく。つまり、狩猟具（石鏃）が圧倒的に多く、比率は下がるものの植物加工具（磨石・石皿）、土掘り具・除草具（打製石斧）がこれにつづき、そして木材の伐採や工具としての磨製石斧の順になっている。

石鏃、打製石斧、磨製石斧、磨石の四種について、後期後葉から晩期前半までの住居から出土した比率をみると、石鏃四〇パーセント、打製石斧二七パーセント、磨石二五パーセント、磨製石斧六パーセントとなる。日常の道具としての組み合わせとすれば、こうした構成は狩猟とともに堅果類や栽培植物の採集管理・生産、加工を物語る組み合わせであり、後・晩期の一般的な縄文集落の特徴であることはまちがいない。晩期後葉でみると石鏃が六八パーセントにも達していて、やはり狩猟の需要が高かったことがわかる。これに土掘り具・除草具、加工具がともなうことになる。磨製石斧は各時期をとおして石器全体量の四〜六パーセントと一定の数値を示しており、伐採具・工具の需要には変化がなかったと思われる。

なお、墓を中心とした祭祀の場ととらえた1号配石からは石鏃が三二二点、打製石斧が四六点、磨製石斧が一七点、磨石が三八点出土している。石鏃が七六パーセントを占めることになり、住居の比率より格段に高い数値である。祭祀・儀礼の際に石鏃が用いられたのだろうか。ただし特定の場所に集中して供えられたような例はなかった。

図22●金生遺跡から出土した石器類
上段は石鏃、中段は磨製石斧（左4点）と打製石斧（右2点）、下段は石皿と磨石。

生業活動の実情をさぐる

個々の住居内での石器の種類比率については佐野隆氏の分析がある。佐野氏は石鏃、打製石斧、磨石の三種について、狩猟、土掘り具、加工具という観点から、各遺構の石器数量の比較をおこなった。この作業により、晩期の各住居と配石遺構での三器種の組成に、①石鏃型、②石鏃・磨石型、③打製石斧型、④打製石斧・磨石型、⑤磨石型、⑥均衡型があることを導き出した。この組成のちがいは、生業の差をあらわすとともに、住居と配石の組み合わせにまでかかわっている可能性を示したことになる。

なお、石器について注意したい点が二つある。まず打製石斧である。形態については短冊形・分銅型・撥型・丸型の四種類がみられるものの、出土総数四〇〇点のうち二三二点、五八パーセントが短冊形で占める。ついで分銅型、撥型、丸型となる。短冊形打製石斧は柄と平行して先端にとりつける鋤タイプや柄と直交する手鍬型が考えられている。除草も含めた土掘りの道具である。この種の石器が後期後葉以降増加することは金生集落での生業を考えるうえで重要である。植物性食料をえるための開墾や栽培に関係するのではないか。なお長さ二三センチを越える分銅型の大形品がみつかっているが、断面形状からみてまさに「石鍬」形態であり、開墾などの用途に優れた道具とみてよいだろう。

剥片石器をみると(図23)、二次加工のある剥片のうち、とくに光沢があるものなど一三点について梶原洋氏に使用痕分析をお願いした。植物を切断した際についた光沢であると期待したからである。しかし、草などを切ったときに生じるタイプの光沢は観察されず、分析可能な七点のうち三点が「皮の掻きとり」、三点が「皮あるいは肉の切断」、一点が「不明被加工物の削り」という結果であった。石質は頁岩、玉髄、黒色緻密安山岩などであるが、このような石材からえられる鋭利な側面をもつ剝片が皮や肉の切りとりなどに用いられることがわかった。決まった形をもつ石器以外にもこのような剝片を用いた石器が多いことを、今回の分析報告のなかで梶原氏は指摘している。

金生ムラの変遷

山梨県ではあまり知られていなかった縄文後・晩期だが、金生遺跡の発掘によって関東・東北・東海・北陸方面とつながりのある土器や中部高地特有の土器があきらかになった。これらの土器を調べることによって、住居の時期がわかり、集落の変遷をたどることができる。

すでにふれたように、発見された住居四一軒で、前期初頭の一軒（2号住居）、中期の二軒（曽利期、1号・3号住居）を除きすべて後期から晩期のものである。このことから金生の尾根にはまず前期初頭の段階で居住がはじまり、その後、中期後

図23 ● 剝片石器
①と②の縁辺部に線状の使用痕が観察されており、皮あるいは肉の切断に用いられたとされる。表裏ともに光沢がもっともみられたのは③であるが、その成因は不明。

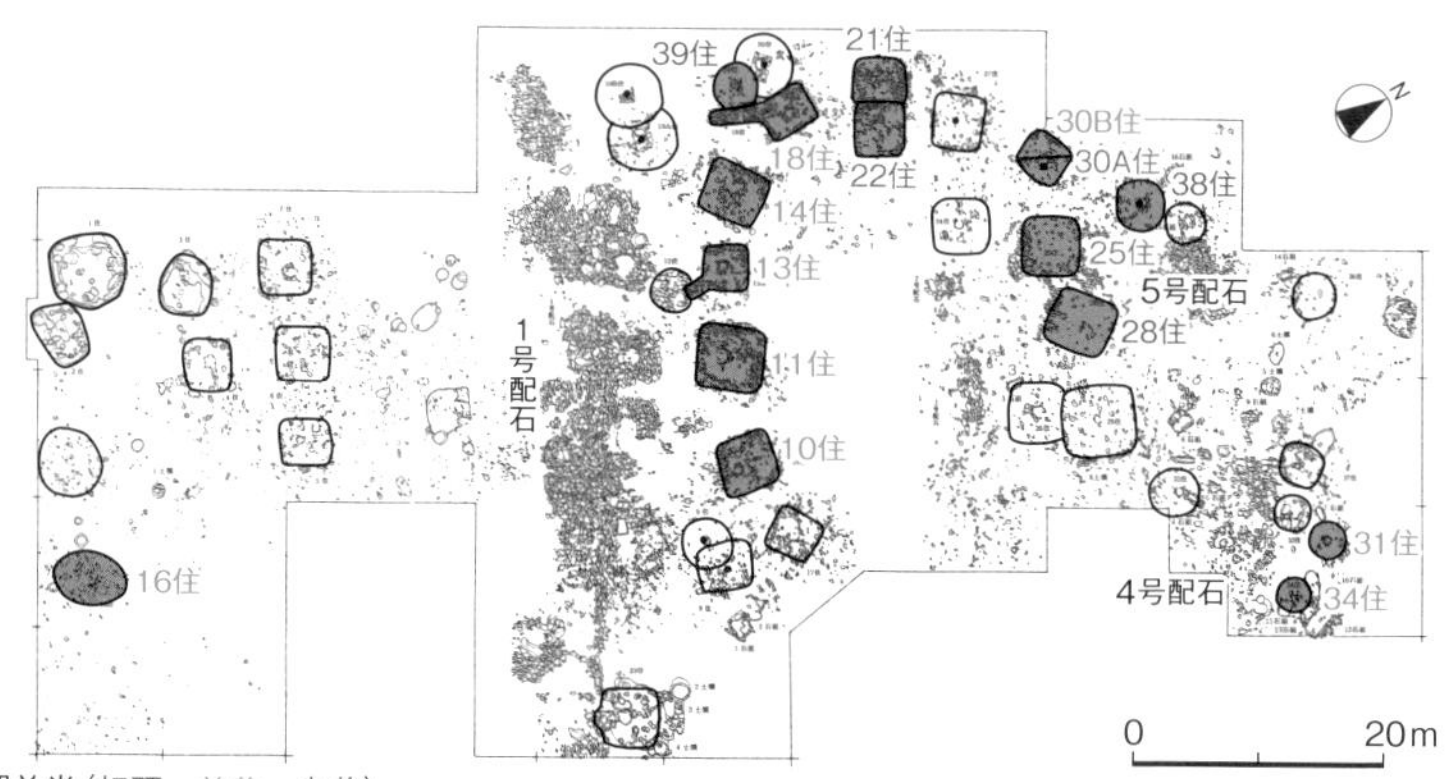

④晩期前半（初頭・前葉・中葉）
1号配石が発達するとともに、住居はその北側にまとまる。
とくに前葉期の10・11・13・14・18住は一列にならぶ。中葉期には住居が少なくなりはじめる。

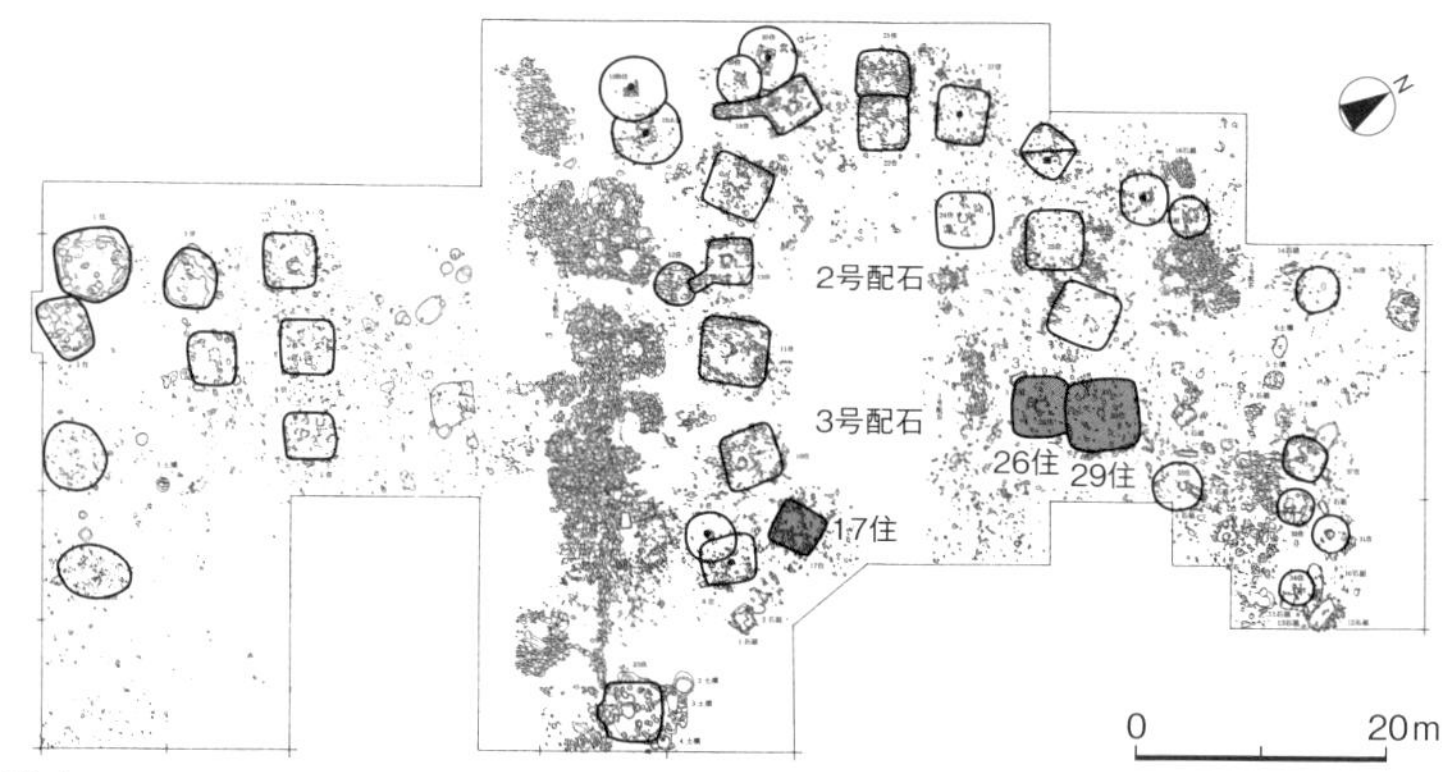

⑤晩期後半
ムラは小さくなり、2号・3号配石の近くにまとまる。1号配石では埋葬や祭祀はおこなわれていない。

図24●金生ムラの変遷
配石の形成とムラの隆盛には大きなかかわりがある。後期中ごろまでは1号配石はなく、住居はまばらに点在するだけである。後期後半になると1号配石がつくられはじめ、住居も近くにならぶ傾向になり、晩期前半では住居が増え配石とのつながりが強くなる。しかし、晩期後半になると1号配石とかかわりがなくなり、ムラも縮小する。

①後期前葉
住居はまばらに分布する。配石はまだ形成されていない。

②後期中ごろ(加曽利B1・B2・B2〜3期)
住居は遺跡全体にまばらにひろがっている。23住が1配石の東端に位置するが、配石はまだ発達していない。

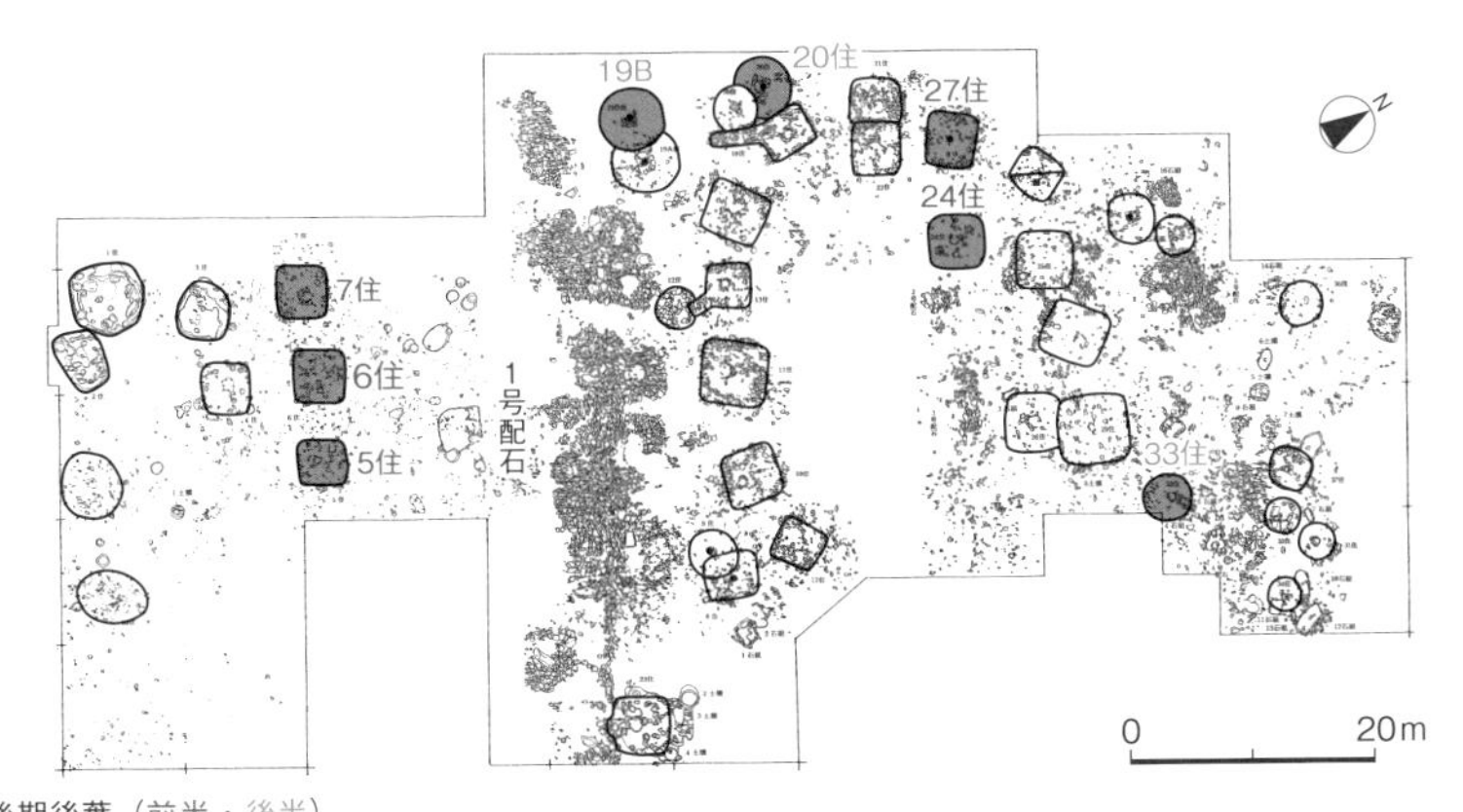

③後期後葉（前半・後半）
1号配石がつくられはじめる。前半期の5〜7住はその南側に、後半期の住居は北側に集中しはじめる。

半にも生活の場が形成されていたことがわかる。ただし、ムラが発展するのは後期以降となる。ここでは後・晩期の住居の変遷をみていこう(図24)。

①後期前葉　堀之内式土器の時期であり、尾根の中央部にまばらながら六軒ほど存在したようだ。この後からつくられる住居などによって壊されているため、炉や敷石がかろうじて残っている程度である。12号住居だけは円形の整った敷石住居として確認できる。この時期の配石遺構は発見されていない。

②後期中ごろ　四軒確認できた。細かくは加曽利B1・B2・B2〜B3式という三つの時期に分かれ、尾根の中央部に散在している。発掘区域の北端に位置する37号住居(加曽利B1式期)は炉の周囲に敷石した竪穴住居で、この時期に典型的な深鉢・浅鉢・注口土器が出土した。B2式期には15号と23号がある。1号配石東端部に位置する23号住居は敷石住居であるとともに、入り口部に配石による張り出しをもつ。この張り出した石列が元になって1号配石の基礎が形づくられた可能性があるが、現状では1号配石の形成はもう少し新しい後期終わりごろとみている。

この時期のもっとも新しい段階(B2〜B3式)に位置づけられる4号住居の壁際には石をめぐらせている(図8①参照)ことから、晩期に盛行する方形周石住居がこの段階からはじまることがわかる。

③後期後葉　前半(5・6・7・24・27号)と後半(19B・20・33号)に分かれるが、この時期になると方形周石住居の存在がはっきりとしてくる。とくに前半期の5・6・7号の三軒は1号配石の南側にならんでおり、配石とのかかわりがはじまってきたと考えられる。後半期

には確実に1号配石の形成がはじまっている。

④晩期前半　晩期になると、1号配石とかかわりをもった住居がその北側に形成される。晩期初頭は三軒（28・38・39号）と少ないが、前葉になると急増し、10・11・13・14・18号の五軒が等間隔に1号配石の北側にならび、ほかにも四軒（16・30B・31・34号）の住居と4・5号配石を加えて中央広場型の環状集落のような配列をなしている。金生集落がもっとも発達したのがこの時期とみてよい。

とくに1号配石とその北側にならぶ五軒とは同時に機能していたと考えている。1号配石が墓の集合体として形成されはじめ、やがて特定の墓を中心とした祈りの場として発達したとき、その背後には五軒の住居が建てられていたのだろう。南側から望むと、配石の後ろ側に住居群の姿があり、さらにその背後には裾野を広げた八ヶ岳の勇姿が目に入ってくる。このような景観が当時の金生集落にとって必要な視点だったのではないだろうか。

晩期中葉の住居は四軒（21・22・25・30A号）ある。この時期にまで1号配石や4・5号配石も機能していたと考えるが、前の時期にくらべ集落としては縮小していく。

⑤晩期後半　集落はいっそう小さくなってくる。すでに1号配石での埋葬や祭祀はおこなわれていない。しかし丸石や石棒をともないながら、中空土偶や壺・皿・甕などの土器が出土した2号配石、少し時期が下る浮線網状文の土器が出土した3号配石も残されている。これらの配石をかこむかのように存在する17・26・29号の三軒がこの時期の住居であるが、もっとも新しい晩期終末の17号住居を最後に金生集落は終焉を迎えることになる。

第3章　縄文後・晩期の祭祀

1　石への祈り

石棒と石剣

縄文時代を代表する石製品の一つに石棒がある。中期初頭に出現し晩期終末まで機能しつづけた祈りの道具である。先にみたように金生遺跡からは石剣（せっけん）・石刀（せきとう）も含めた石棒類が一三三点出土した。これらの石棒類について発掘報告書では、断面の形状から三つに分類している。

一つは両側面が剣の刃のように薄くつくられている「石剣」タイプ。石剣はかつて一九三三年に八幡一郎氏が「断面楕円形或いは菱形にして、先端尖るか或いは両側縁に鈍い刃の附く剣様石器」と定義した石製品である。**図25**②は29号住居床面近くから出土した完形品で、基部は柄のように握りやすくつくられている。①④は墓とみられる5号配石から出土したもので副葬品の可能性がある。③は頭部に装飾があり、指揮棒のようだ。

二つ目は刀のように片方の側面が薄くつくられている「石刀」タイプ。⑥は完形品ではないが典型的なものである。

そして三つ目は石棒である。太さ五センチ未満の細身タイプの中・小形のものでは完形品はなくすべて破片で、火熱を受けたものもある。太さ五センチ以上の大形のものは配石遺構からの出土が目立つ。**図26**①〜④は1号配石から出土した大形石棒で、とくに①は円形石組み中央にあり、ほかも石組み施設や配石の一部を構成している。⑧は4号配石から出土した。1号・4号配石は晩期前半であるが、晩期後半の2号配石からは、丸石や中空土偶それに多くの土器とともに⑤〜⑦が出土している。

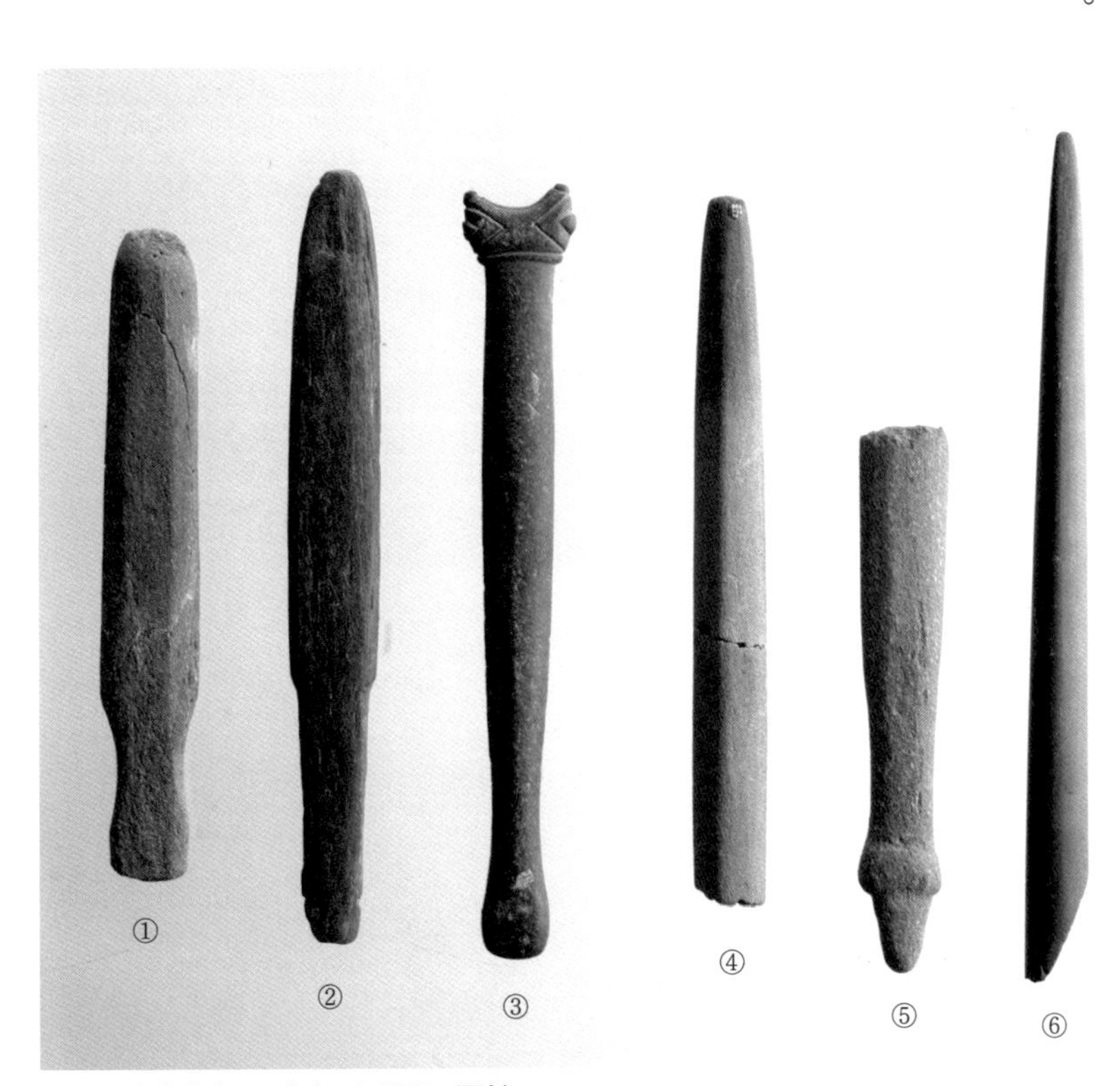

図25 ● 金生遺跡から出土した石刀・石剣
①〜⑤は両側面を刃のようにうすくした石剣。とくに①②は完形で、柄の部分も表現されている。まるで金属器をまねたかのようだ。⑥は片刃の石刀（①：長さ27.7cm）。

大形石棒は中期から後期初頭の遺跡から多く出土するが、晩期にも用いられることは東京都調布市の下布田遺跡、町田市のなすな原遺跡、埼玉県鴻巣市の赤城遺跡といった後・晩期の遺跡からの出土事例にもあるとおりだ。中期の石棒が再利用されるという見方もなされているが、中期と晩期とでは形態がいくぶん異なっており、とくに①③④⑧は頭部の形状や太さ、それに全体の均衡（バランス）といったところが晩期特有の形状である。

石棒類の用途の変化

金生遺跡の場合、大形石棒はとくに配石あるいは墓域と大きくかかわっているといえる。晩期前半の5号

図26●金生遺跡から出土した大きな石棒
これらはすべて晩期の配石遺構から出土した。①～④は1号配石、⑤～⑦は2号配石、⑧は4号配石。石質は③が緑色片岩のほかはすべて安山岩（①：長さ50cm）。

配石からは石剣も出土しており、この時期に大形・小形の石棒、そして石剣・石刀が同時に存在することになり、それぞれに用途が分かれていたものと考えたい。

このようなタイプの石棒は中期初頭に出現し、中期後半までは住居内から多く出土するが、中期末から後期初頭には敷石住居や配石にともなうようになる。一メートルを越える大形のものとともに片手で握ることができる小形のものも存在することから、この時期を石棒の使い方にかんする画期とみている。つぎに後期末から晩期前葉にかけては、1号配石でみたように大形石棒が配石の構成要素として出土することから、ここにも一つの画期をみることができる。

中期末から後期初頭では住居の奥まった場所、炉のまわり、入り口部といった意味ありげな箇所や墓穴から出土したり、後期から晩期では金生遺跡のように配石遺構から出土したりする例が多い。豊かさや繁栄、さらにはよみがえりを願うといった祈りにかかわる役割があったのではないか。このことはつぎの「丸石」ともかかわってくる。

丸石の意味

丸石は、すでに縄文前期の住居からの出土例も報告されており、中期に類例が増加するが、後期以降は配石にともなう傾向が高くなる。金生遺跡では1号配石や2号配石を構成する大事な要素となっている。ここでは1号・2号配石の丸石についてくわしくみていこう。

1号配石の第3ブロック南面にあるＥ01とした直径二メートルあまりの円形石組みでは、中央部からは太さ二〇センチ、長さ五〇センチの大形石棒が出土したが、**図27**をみると、石棒をかこむ円形石組の左端（北西側）に丸石がおかれていることに気づく。背後の配石中にも大形石棒の破片や丸石が組み込まれている。

　配石を構成する石の多くがこの山麓で産出する角張った安山岩であるのに、そのなかに丸石がみられることはなにを意味するのであろうか。縄文中期の住居には、丸石が壁際や入り口付近においてあったり、柱穴のなかや石囲い炉の中央を塞ぐかのような状況で出土したりする事例がある。このようなことから丸石は、住居の廃棄や再生にかかわるような祭祀に用いられたものと考えている。

　墓をベースとした祈りの場がこの1号配石の機能とすれば、やはり丸石には生命にかかわる強い力が求められたのではないだろうか。

　江戸時代以降、道祖神祭りがさかんな山梨県内では、至るところに丸石の道祖神がみられる（図28）。これらの丸石は河原から採集

図27 ● 円形石組みのなかの石棒と丸石
1号配石第3ブロックの南端にある円形石組みの中央に大形石棒が倒れていた（写真は起こした状態）。石棒を石列がかこみ、背後には丸石（赤円内）がおかれている。

することができるが、その河川流域に露出する岩石層によって安山岩であったり花崗岩であったりする。

道祖神とは本来は道の神様で、道の分岐点や村の入り口において、悪霊や病気から村を守ると考えられてきた。加えて男女の縁を導くとともに、子どもの誕生や成長を見守り、さらには豊饒や繁栄をもたらす神様として祀られてきた。江戸中期ごろからさかんに信仰され、いまなお山梨県内ではこの祭りが盛んにおこなわれている。

この遡源（そげん）を短絡的に縄文時代に求めるわけではないが、古代や中世の絵画史料にも村はずれや道端に丸石が描かれる事例があることからも、丸石に祈るといった精神性には時代を超えて共通するものを感じている。金生遺跡の丸石もまた、人びとがわざわざ入手し配石に組み込んだものにちがいない。

図28 ● 現在の道祖神（山梨県甲州市）
山梨県内のいたるところに祭られている丸石道祖神。直径40～50cmの丸石一つの場合から、小さめの丸石を複数積み重ねたものまで、何種類もみられる。まるで魂のようだ。

つぎに2号配石遺構の丸石、それに石棒はどのようなものであろうか（図19参照）。1号配石が長期間機能した複雑な構成の配石であったのにたいして、2号配石は晩期後半にかぎられる小規模なものである。二個の丸石とそれに接する平石を前面とし、その反対側から大形の石棒四本が出土している。

この配石の機能は、中空土偶や多くの土器とともに出土していることから、まず祭祀に用いた道具類を納めた施設と考えた。一方、丸石と平石を正面にした石組み遺構という点からは墓域ということも十分に考えられる。そうした場合、1号配石と同じように、再生とかよみがえりといった生命の力にかかわる祭祀遺物ということができる。丸石や石棒は縄文人の祈りにつながる対象物であったのだ。

図29 ● 独鈷石類
③が典型的な独鈷石。中央部に節のような突出とくぼみがあり、両端が尖っている。中央に柄をとりつけて用いると考えられており、祭具であろう。①②は独鈷石類似品（下：長さ23cm）。

独鈷石ほか

独鈷石とよばれる特徴的な石製品のグループがある（図29）。仏具の「独鈷」に類似した形であることからこのようによばれる。おもに後・晩期の遺跡から出土するが、全国で千点あまりとされる。両端が石斧の刃部のようになっていたり、尖ってツルハシのようになっていたりするものがある反面、磨石のように丸みがある個体もある。中央部に節のような突出部やくぼみがつけられている。

金生遺跡からは類似品も含め六点出土している。図29③が典型的な独鈷石で、長さ二三センチの砂岩製品である。晩期前葉の14号住居をとりかこむ周石中から出土した。①と②は独鈷石類似品であるが、磨石のような感じもする。そのほか丸石や石棒の多い2号配石からも安山岩製破損品が一点出土している。

図30は独鈷石の形をした土製品であり、形態的には石製品とまったく変わらない。片方の端が失われているが、長さ一三センチほどと推測できる小型品である。晩期後半の26号住居から出土しており、形のうえからも新しい段階としてよい。

用途は、中央のくぼみに柄をとりつけて手に持って使う両頭の石斧とする考えをはじめ、農具あるいは武器などの可能性が考えられているが、実用品ではなく、武威の象徴とか集団の象徴といった意味あいも想定されている。出土例を集成し検討をおこなった長崎元広氏は、金生遺跡の例をあげながら広域にわたる集落群のなかで用いられた祭祀性の強い石器としている。

図30●独鈷石形の土製品
独鈷石の特徴がよくあらわれている土製品。中央の馬の鞍のような突起は、晩期後半の特徴（長さ約13cm）。

2　異形の土偶

さまざまな土偶

金生遺跡を代表する遺物の一つに土偶がある（図31）。二二三〇点を数える土偶が出土したことにより、山梨県のみならず中部山岳地域における後・晩期土偶の実情がとらえられた。土偶の研究はすでに一〇〇年以上の歴史があり、玩具、護符、身代わり人形（ひとがた）、地母神、お産にかかわる女神などの説が提唱されてきた。五体の表現はないものの、ふくよかな女神としての造形は一万年以上も前の草創期にまでさかのぼる。

中期前半期には完全な五体表現とともに自立するものもあらわれ、さらには豊かな胸や大きくふくらんだ腹部表現が全盛期を迎える。八ヶ岳周辺地域の中期には、お腹の大きい土偶や出産・子育てを意味するような造形の土偶がたくさんつくられている。これらの多くは破片で出土することから、豊かな実りや安産の願いでわざわざ壊して埋めたという見方もなされている。

後・晩期には、中期のような立体的な土偶は少なくなり板状のものが多いが、それでも胸の膨らみや腰が張った姿からは女性が表現されていたことがわかる。金生遺跡の土偶も中期のようなお腹の大きいふくよかな形態はみられないが、胸や下半身の表現はあきらかに女神の造形とみてよい。しかも顔面・胴体・腕・足などが破片となって発見される例も多いことから、豊かさを祈って壊すという考え方がつづいていたと考えられる。もちろん完全な形の土偶も少ないながら発見されている。

金生の土偶は、顔や体型のちがい、それに身体につけられた文様のちがい（文様は各時期の土器文様と共通している）から時期を知ることができる。まず後期前半では、仮面をつけたような顔（**図32**①）や頭頂部が山のように盛り上がった「山形土偶」とよばれる関東地方に多い土偶と同じ種類（②）が出土する。

後期後半になると③⑥⑦のような丸顔をはじめとしてバラエティーに富んでくるが、これらには北陸や東北地方の特徴を含んでいる。とくに身体の破片であるが⑨〜⑪にみられる瘤（こぶ）のような文様は東北地方に多い。⑫⑬には関東地方の「ミミズク土偶」とよばれる顔の影響を受けている。

後期終末から晩期前半にかけては、

図31 ● 金生遺跡出土のさまざまな土偶の顔（最上列右端は土器の把手装飾）
後期中ごろから晩期終末までの顔が含まれている。目や口などの表現がおもしろい。耳飾りの有無もよくわかる（耳たぶの孔は、耳飾りを外した表現）。

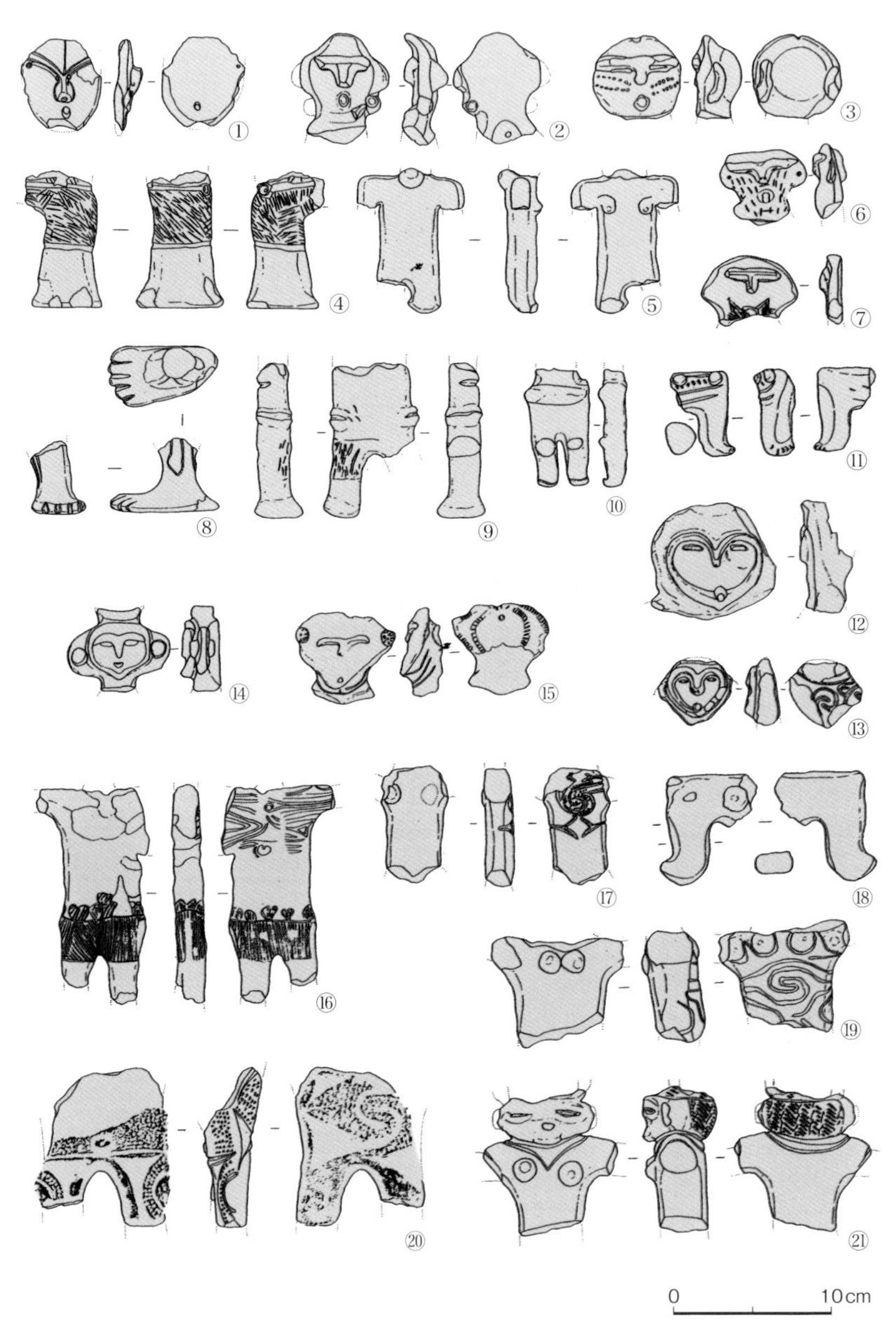

図32●金生遺跡出土の土偶の部位
かけらで出土する例が圧倒的に多い。しかし、文様や装飾は土器と共通することから、それぞれの時期が判断できる。

清水天王山式土器（静岡市清水区にある天王山遺跡を標式とする土器）の三叉文や入り組み文という文様をもった土偶が多くみられる（⑯⑰⑲）。この種類の土偶で完全に近いものが都留市の中谷遺跡から出土している（**図33**）ことから、これを典型としてつぎの特徴をあげることができる。板状の立像形、湾曲気味の「T」字型眉鼻、直線的な胴長短足、腕は短く外側に垂れる、肩の背面に円形瘤が横にならぶ、文様は併行沈線、入り組み文、入り組み三叉文、刺突文などがおもに背面につけられる。

図32⑯がその初期であり、⑰〜⑲が晩期前葉に位置づけられる。⑭⑮は晩期前葉の顔面であり、いずれも耳飾りが表現されているが、これも清水天王山式系統である。ほかにも関東や東北系の土偶もみられる。⑳の胴体部には関東系の入り組み文様がつけられており、

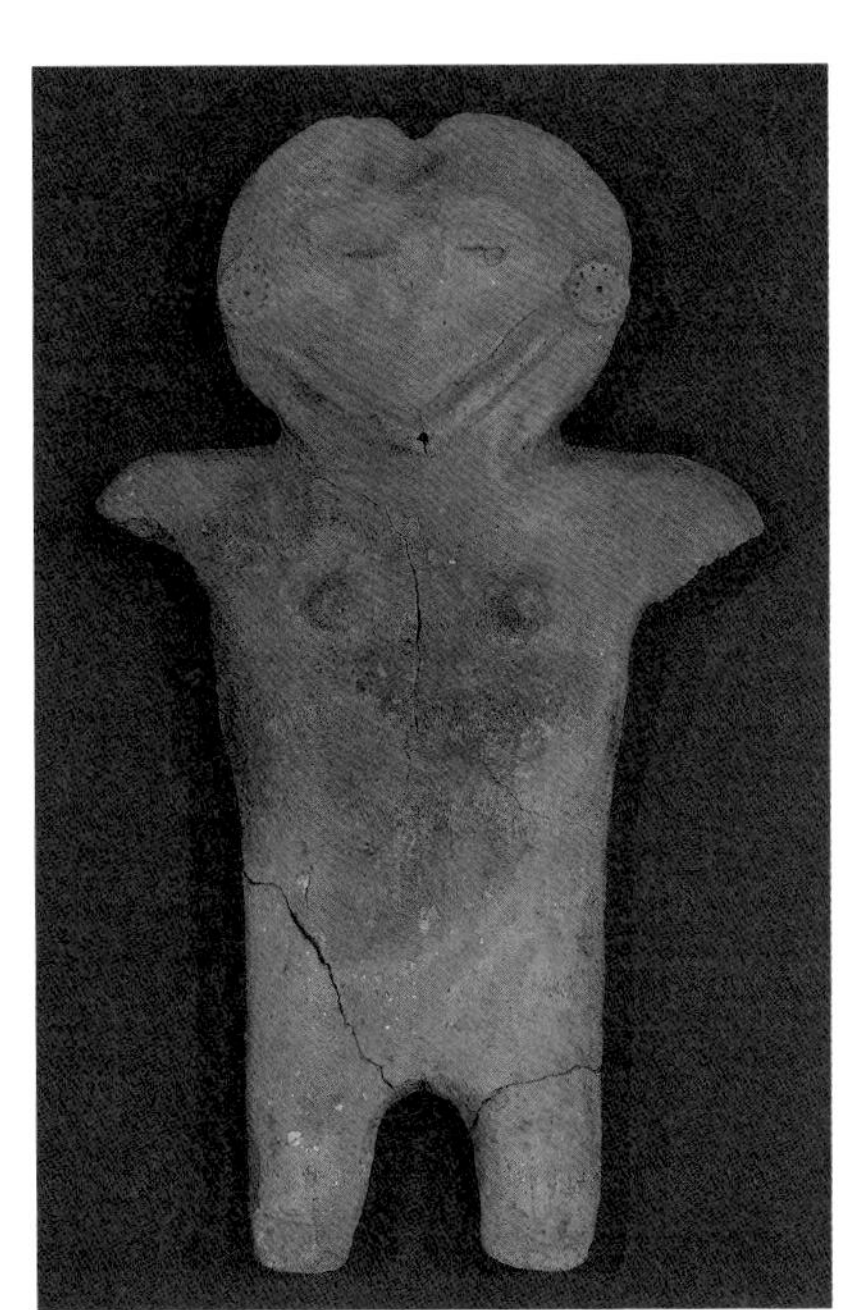

図33 ● 中谷遺跡（山梨県都留市）**の土偶**
両腕を欠くものの、身体の特徴や文様がよくわかる土偶。とくに背面の入り組み文は清水天王山式土器の特徴でもある。全身が赤く塗られている（長さ22.6㎝）。

㉑は東北地方を代表する遮光器土偶の系列である。
以上のように、金生遺跡からは後期前葉から晩期終末にかけての、関東・東北・北陸・西日本などひろい地域の特徴を有する土偶が出土していることがわかる。

金生遺跡を代表する中空土偶

タコのように突出した口、大きな窓のような目、両手はなく踏んばった両脚に直接顔面がのるような姿。発見されたとき、だれもが首をひねった。２号配石からは石棒や多くの土器がまとまって出土したが、その片隅に横たわっていたのが不思議な造形の中空土偶である（**図34**）。

土器なのか土偶なのか。内部はていねいな成形ではなく、容器にはふさわしくない。飛び出した口は、注口土器の口ならば先が細くなるのにたいして、これは先がひろがっている。現場に来られた土偶研究の第一人者、江坂輝彌先生にうかがった。「土偶だよ、これは」。いとも簡単な回答であったが、しばらくは特殊

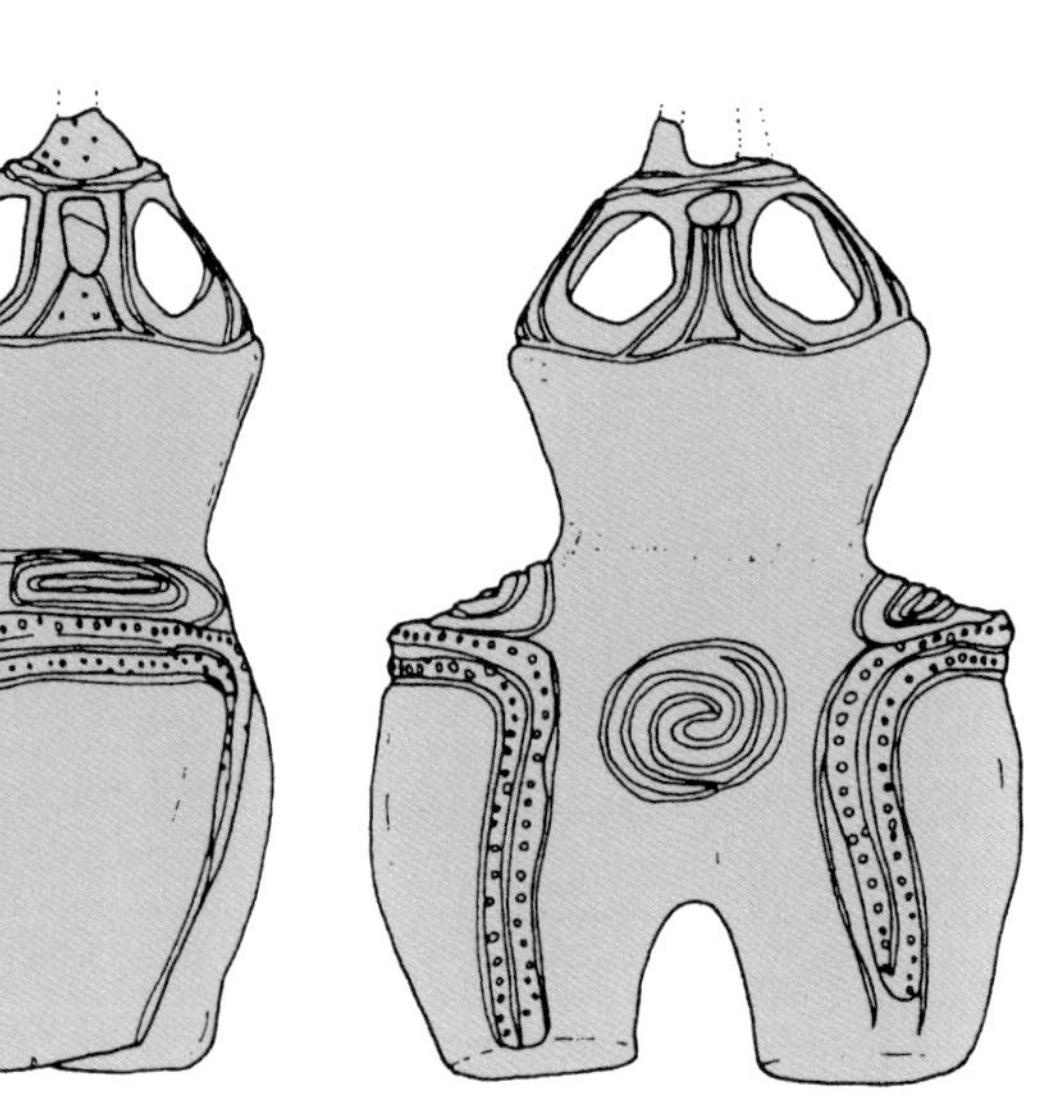

図34 ● 中空土偶
2号配石の石棒近くから仰向けで出土した土偶。とびだした口が特徴で、発掘当時は「チュータクン」の愛称も（高さ23.3cm）。

土器という言葉も使っていたほどである。

この土偶はどのようにして生まれたのか。時期は晩期後葉前半を最終時期とする中葉後半と考えた。一緒に出土した土器に東北地方の大洞C2式およびA式段階が含まれていたからである。

このことからまず大洞C2式の一段階前の大洞C1式期に東北地方を中心にひろがった遮光器土偶（図35①）からの流れを考えてみた。踏ん張った両足や大きな目の表現に注目したのである。その後、関東地方での類例を求めた結果それを裏付け

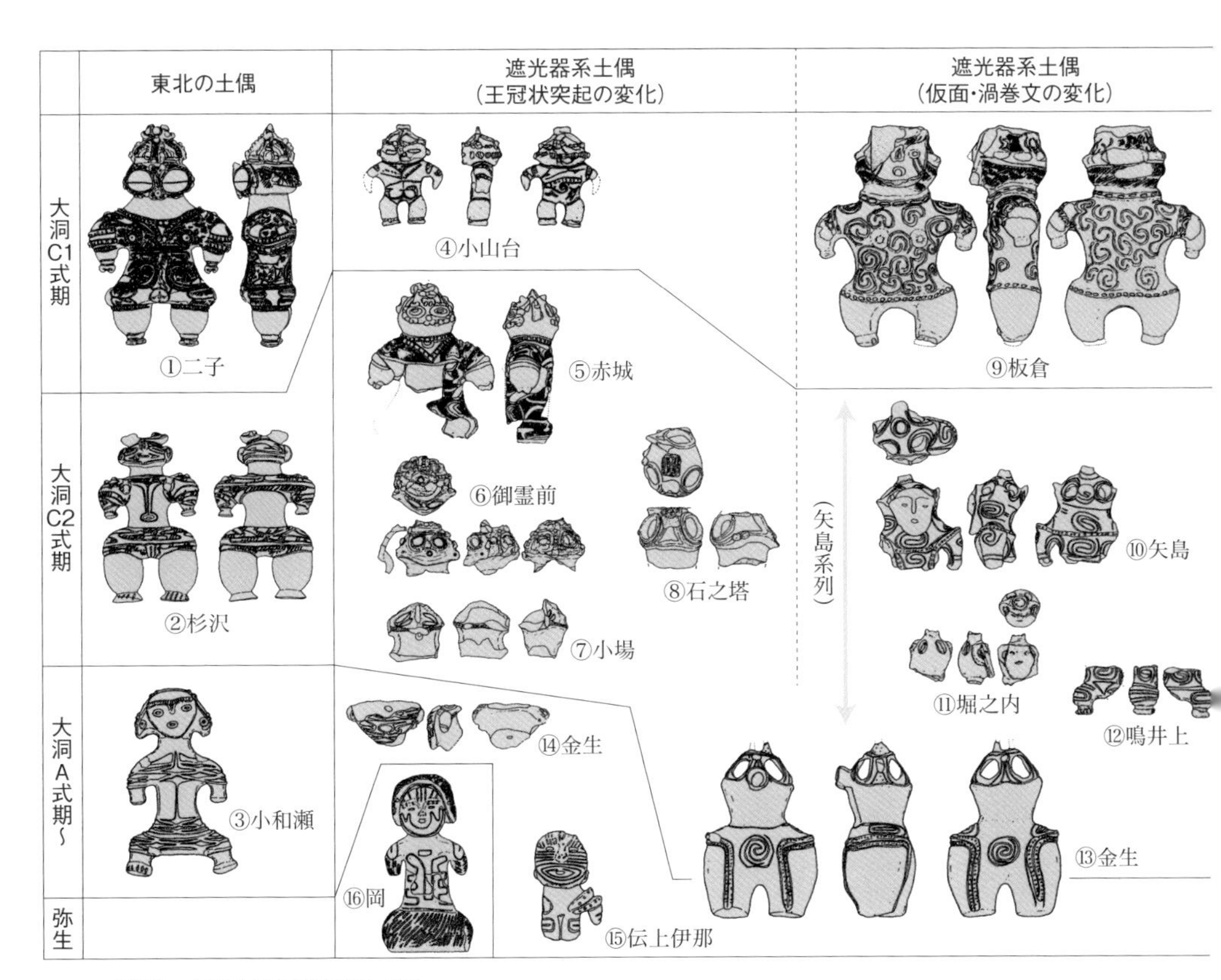

図35 ● 中空土偶の系譜をたどる
東北地方で発達した遮光器土偶（①）から、北関東をへて、金生まで伝わる状況が、⑨⑩をはじめ、⑤～⑦を参照することにより理解できる。金生以後の土偶には、⑭や⑮があり、やがて⑯を最後に土偶はなくなる。

ることができた。**図35**でくわしくみてみよう。ここには金生中空土偶の成立前後の各地の土偶を掲げてある。

まず、群馬県の矢島遺跡の土偶に注目したい（⑩）。両腕と仮面のような顔があるものの、頭部には四個の大きな透かし窓があり、頂上部に突起をつけているその形状は金生中空土偶によく似ている。身体にある渦巻き状の文様や刺突文のある隆帯も共通する。下半身は欠けているが中空であることも同じだ。これを報告した川島正一氏は晩期中葉後半としており、金生と同じころとみてよい。

矢島例にみられる仮面のような顔は一段階古い群馬県の板倉遺跡（⑨）の遮光器系土偶から展開したものであろう。板倉遺跡の土偶は北関東でつくられた遮光器系統の土偶で、渦巻き文の初源や刺突隆帯もみられる。つまり板倉↓矢島↓金生という流れが認められることになる。

遮光器土偶の特徴である大きな眼と頭部を飾る王冠状突起が、矢島の仮面下の顔で一体化し、最終的には金生中空土偶の顔面へと変化する。その過程は、埼玉県の赤城遺跡、栃木県の御霊（ごれい）前（まえ）遺跡、群馬県の石之塔（いしのとう）遺跡の土偶（⑤⑥⑧）を介することによりはっきりする。

やはり東北地方晩期の遮光器土偶が元になって、関東北部から群馬をへて八ヶ岳南麓に伝わるなかで生み出されたのが金生中空土偶ということになる。先にみた清水天王山式系列の土偶がすでに最盛期をすぎてしまった晩期後半のことである。土偶の多くが手足顔などバラバラに出土する例が多い反面、この中空土偶のように壊されることなく、祈りを込めて使われる土偶も存在したのだ。

３　土製耳飾り

形と文様

金生遺跡では破片を含め五六〇点もの土製耳飾りが出土した（**図36**）。無文が多いが、透かし彫り状の細かい装飾をもち赤彩したものもある。ほとんどが後期後半から晩期のものである。

耳飾りが二六〇〇点あまり出土して注目された長野県松本市の後・晩期集落遺跡、エリ穴遺跡の耳飾りについて百瀬長秀氏は、「臼形」と「環形」とに分類し、それぞれ文様や断面形、それに整形の精粗とを検討した。以下、百瀬氏の研究を参考にしながら金生遺跡の耳飾りをみていこう。

臼形とは文字どおり側面あるいは断面形が臼の形をしているものである。本来は中実ではあるが（**図37**⑮〜㉔など）、抉り込みや透かしにより表面を削りとり、断面が中空状のものも臼形に分類される（㉘㉙㊳など）。

中実のものでは、無文に加え列点文、刻み文、

図36 ● 土製耳飾り
大小のみならず、簡単な文様のものから彫刻的なものまでさまざまな種類がある。赤く塗られた精巧な耳飾りは特別な日に装着するのであろうか。

蕨手文（わらびてもん）、沈線による渦巻きや入り組み文など装飾的なものもみられる。概して断面が厚い個体が目立つ。大小の差も大きく、無文タイプでは直径八ミリ～一センチほどの小形のものがある反面、七センチといった大形のものもある。

透かしや抉り込みにより装飾豊かな個体は環状タイプに類似し、断面が薄くていねいなつくりのものが多い。文様の入り組み文や三叉文、刻み文などが彫刻的に装飾され、高度かつ精巧な製品といえる。㉚や㊳は赤彩を施していて美しい。無文で中央が貫通するものも多く、これらにも直径一～八センチと大小がある。とくに㉜や㊱は表裏の径が大きく異なり極端な滑車の形をなしている。

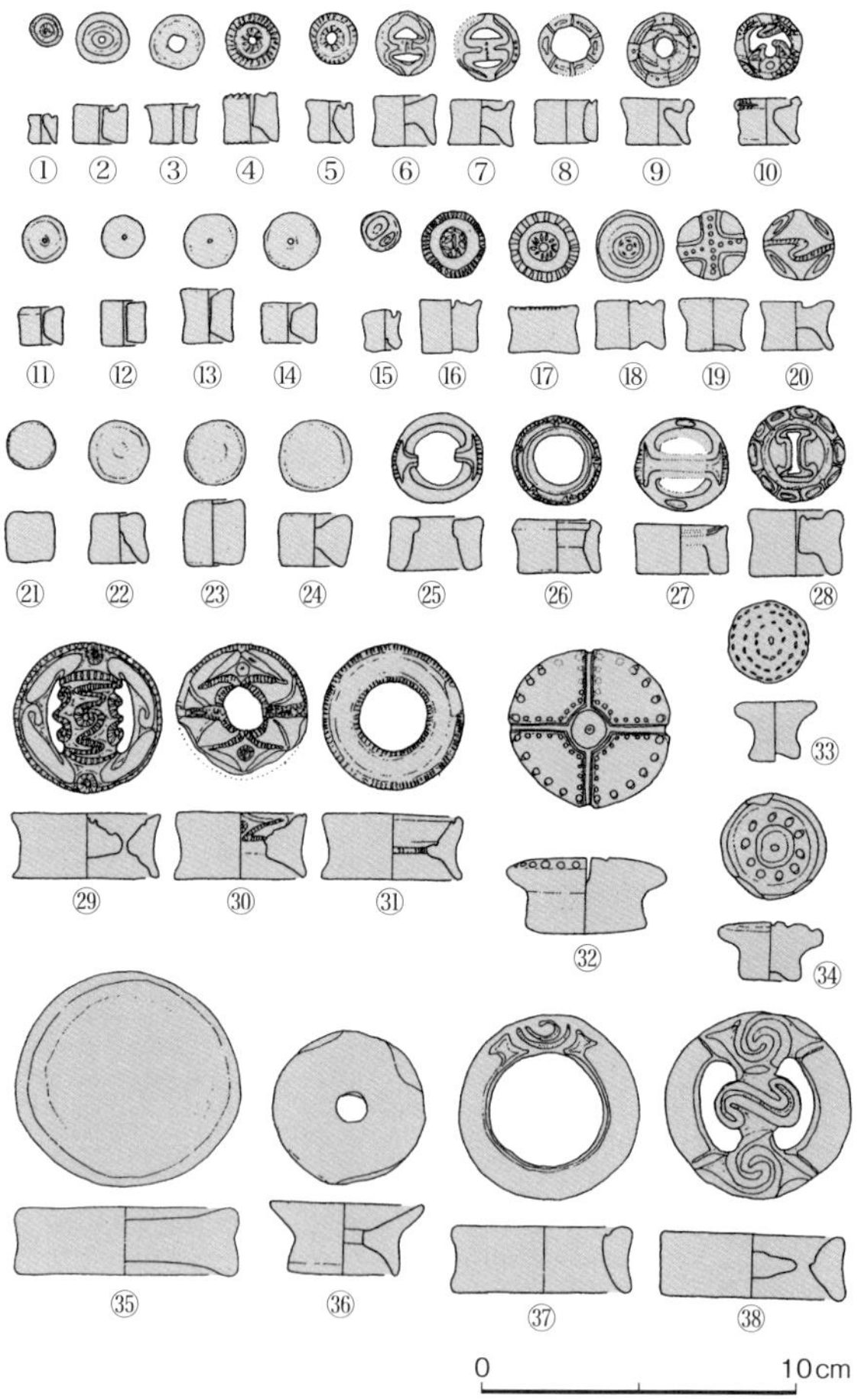

図37 ● 土製耳飾り
直径8mmから7cmのものまでならべてみた。大小だけでなく、簡素な臼形から手の込んだ透かし彫り風のものまで多種多様である。

中央の空間部が広い環形タイプは、施文範囲が狭いものの表側に三叉文・巴文・入り組み文などが施される。無文も多いが全体に薄いつくりで、断面が板状・レンズ状をなしている（㉖㉛㊲）。

形態と大きさの意味するもの

ところで、文様の有無を含めた形態差や大きさは何を意味するのであろうか。エリ穴遺跡例を検討した百瀬氏の見解では、時期的に遅くなると小形化する傾向が強くなるという。精粗も含め時期差は当然ありうるが、耳たぶへの着装という行為を考えると、最初から大形品をつけることは難しく、最初は小さなものからはじめ徐々に大きくしていったのではないだろうか。かつて江坂輝彌先生からラオスに住むカー族の例として、装着をくり返すうちに耳たぶの孔が大きくなり、詰め物をしないと落ちてしまうとうかがったことがある。最終的には直径八センチの大形品の着装も可能になるが、それが限界であったのだろう。

土偶にみる耳飾り

金生遺跡出土の土偶には、耳飾りを装着したものと（図38①②）、耳たぶに孔が貫通しただけのもの（③）があった。耳飾り土偶からは、耳たぶの孔に

図38 ● 土偶にみる耳飾り
土偶からは当時の装飾や風習をさぐることができる。この3体からも耳飾りの有無、装着の仕方、種類まで想定できる。

ピアスのように差し込んだ様子がよくわかる。また②の耳飾りには文様があるが①は無文である。それぞれが表現された土偶なのかもしれない。

耳たぶに貫通孔のみが表現された土偶は③以外にも多くみられることから、耳飾りは常時装着されていたものではないことがわかる。日常、非日常での装着の有無、さらには有文と無文の使い分けが考えられ、装飾という意味にとどまらず、祈りにかかわっての装着もあったのではないだろうか。

耳飾りが用いられた時期については、土偶をみても後期前半期から晩期終末まで認められることから長くつづいた習慣であったことがわかる。しかし、彫刻的でていねいなつくりの多くは晩期前半ということができる。

4　イノシシと祭祀

縄文のイノシシ図像

縄文時代にイノシシが重要な食料であったことは、貝塚遺跡から出土する多くの骨や歯牙の存在から推測できる。そして食料としての重要性はもちろん、出土する頭蓋骨や下顎の配置状況から、祈りの世界に通じる重要な役割をはたしていたことが考えられている。そのほかにイノシシは縄文土器を飾る文様にも登場する。

土器を飾るイノシシの例はすでに六〇〇〇年前の前期後半（諸磯b式）にはじまり、深鉢形土器の口縁にイノシシの特徴的な顔面があらわれる。食べ物を煮炊きする土器にイノシシをつけるのは豊かな食生活を願ってのことと考えている。

この期間は短いが、中期初頭になるとふたたび土器を飾るようになる。今度はヘビを含めた不思議な動物装飾とともに。やがて中期中葉、イノシシとヘビの装飾は全盛期を迎える（図39）。同時にカエルや人体のような造形も加わっている。この時代、縄文人が考えた物語が土器に表現されたと考えており、イノシシの役割もここに表現されたものとみてよい。

私は食べ物の起源を物語る神話につながるイノシシとヘビの役割に注目している。イノシシは豊かな食べ物にかかわる祈りの対象として大きな役割をはたしていたと考えている。

しかし、土器にこのような物語が描かれた期間は長くない。やがて中期後半以降、これらの装飾はめっきり少なくなる。食べ物起源神話は土器以外の場で語られるよう

図39●イノシシが装飾された土器（山梨県甲州市安道寺遺跡）
高さ13.9cmと小さい土器だが、口縁にイノシシ、背面にヘビが重なり合った造形。反対側にはカエルもあり、縄文人が考えた物語が描かれているようだ。

になったのだろう。しかし、後期以降もイノシシをかたどった小さな土製品が発達する。イノシシへの願いはつづいていたのだ。

イノシシの骨を納めた土坑

金生遺跡からは、このようなイノシシが造形された土器や土製品はみられない。しかし、イノシシがかかわった祈りの世界を強烈に物語る出土品がある。それはイノシシ下顎骨の発見である。8号土坑（位置は図7参照）という一つの小さな穴から、なんと下顎の骨ばかり一三八個体が出土したのだ。動物考古学にくわしい金子浩昌氏の分析によって、それらの下顎骨は一一五個体が幼獣骨、三才以上の成獣骨が二三個体であることがわかった（図40）。

幼獣は雌六一・雄五四、成獣では雌九・雄一四であることが犬歯あるいは歯槽の状況から確認されている。とくに幼獣は生後七、八カ月ということから、死亡時期は晩秋から初冬ということになる。また成獣雄の犬歯はすべて抜きとられており、その利用価値の高さがわかる。

下顎が納められていた穴は一・三八×一・三〇メートルのほぼ円形の土坑で、深さは六〇センチ。下顎骨はこの穴の上面から二〇センチほど下がった箇所から底部の直上まで焼土とともに埋まっていた。覆土の中ほど以下に多かった。ただし隙間なくあったのではなく、黒色土や焼土の層がはさまっていた。穴の底や壁の一部が焼けていたことから、この穴で焼かれた可能性もあるが、別の場所で焼かれたものが、ある程度の期間をおいて何度も埋められたのではないかと考えている。

イノシシの骨の祀り

ここで問題となるのはつぎの三点である。
・焼かれた下顎の骨ばかりが出土した
・幼獣骨が一一五個体もある
・幼獣骨の雌雄個体数は
　六一：五四である

これらが何を意味するのか。まず焼かれた下顎骨ということは、解体時に頭部を切り落としたのち、皮や肉をそぎ落とし、さらには下顎を外すといった過程が考えられる。

このような事例は現在の神事にもある。宮崎県西都市の銀鏡（しろみ）神社の大祭では、夜を徹して舞われる神楽の祭壇に、祭り直前に獲れた

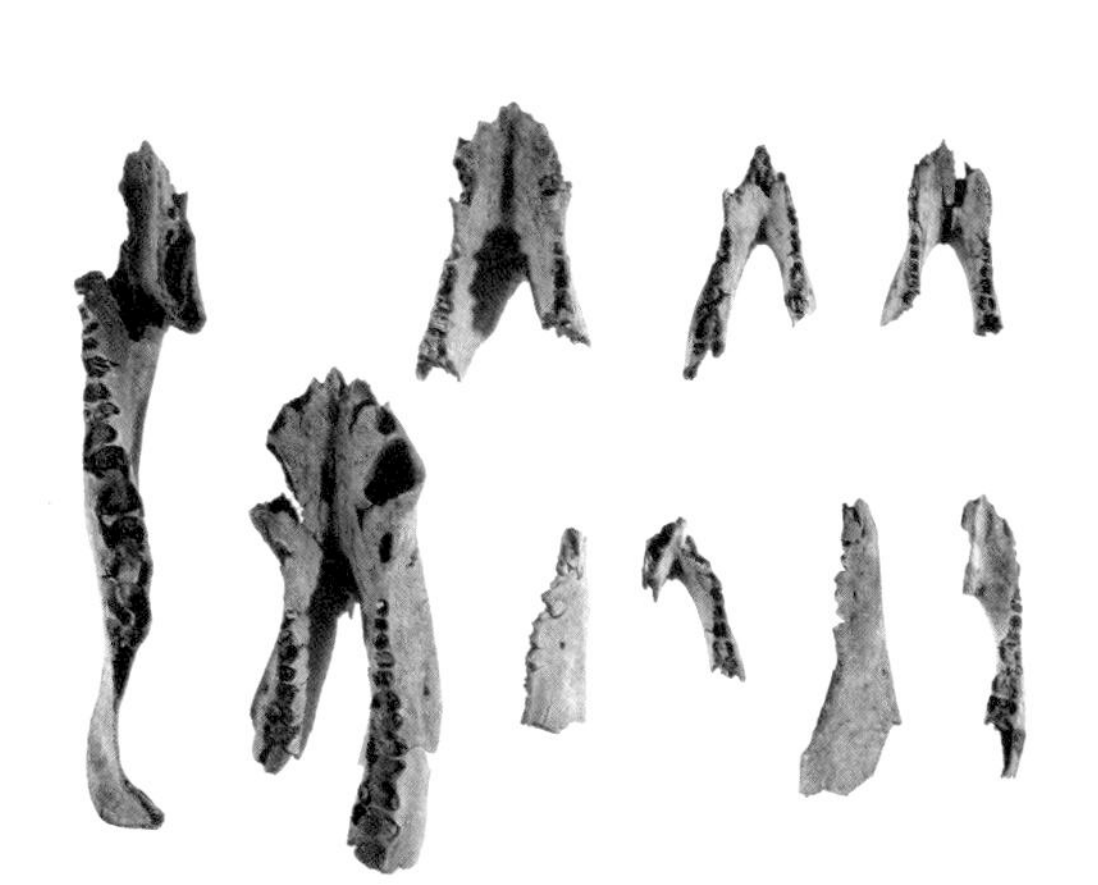

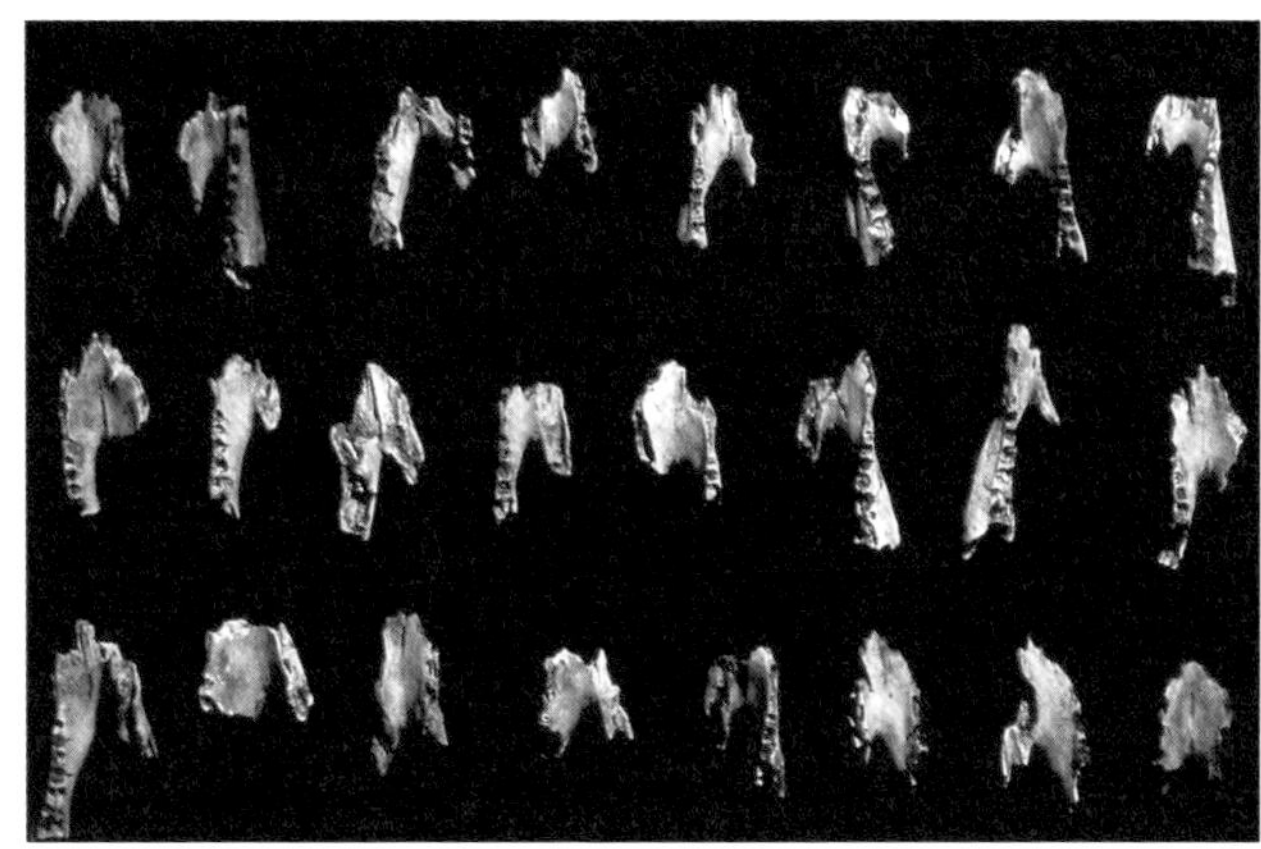

図40●金生遺跡で出土したイノシシ下顎骨
上：左の2点は成獣、ほかは幼獣で強い火を受けて変形が著しい。
下：すべて幼獣でやはり変形したり破損している。

イノシシの頭部がオニエとしてささげられる。年により頭数が異なるが、私が訪れたときには七頭が供えられていた。

　神楽終了後一頭を除きすべて解体され（図41右）、神前へのお供えと直会に用いられる。最後の一頭は翌日河原にて焚き火で焼かれ、祈りがささげられた（図41左）。

　この一連の祭祀は、狩猟獣としてのイノシシにたいする鎮魂と来るシーズンでの豊猟を願っての神事とされている。ここで供犠に用いられたイノシシ頭骨の残りは儀式の終了後に、神社のご神体ともなっている裏山に埋めるとのことである。山に戻すという配慮がなされている。

　大分県臼杵市の白鹿権現では、狩猟で獲れたイノシシの下顎や頭骨を洞窟内に奉納するという風習も残っている。奉納

図41 ● イノシシのまつり（宮崎県銀鏡神社）
右：神楽の終了後にさばかれる頭部。
左：河原での祭りで焼かれるイノシシ。

の目的は狩猟の安全と豊猟祈念とされる。くわしい歴史は不明であるが、本来は鎮魂の意味があったのではないか。

金生遺跡の場合、下顎は強い火で焼かれ、最終的には穴に納められたことになる。イノシシを用いた一連の祭祀がおこなわれ、その最終段階がこのような土坑埋納例として発掘されたことになる。すでにみたように圧倒的に幼獣が多い。イノシシの出産は通常四月から五月であることから、生後七、八カ月の幼獣ということは、一一月から一二月ごろに殺され処理されたことを意味する。この晩秋から初冬にかけての時期は、現在でも収穫祭や狩猟にかかわる祭りがおこなわれる時期であり、また日差しが徐々に弱くなり日照時間がもっとも短い冬至を迎えつつある時期でもある。

一日一日と弱まっていく日差しのなかでの祈りには、そのよみがえりもまた含まれていたのではないだろうか。祭祀の目的については推測するしかないが、土偶や石棒・丸石を豊饒やよみがえりへの願いと考えてきたように、イノシシもたんなる狩猟儀礼というよりも豊かさを願う祈りの世界を推測してみたい。

イノシシを飼育していたのか

ところで、イノシシの幼獣が用いられたことから、イノシシを飼育していたという考え方もされてきた。しかし私は、初夏に捕獲されたイノシシの子どもが祭りまで一時的に飼養されていたものと考えている。飼育とは雌雄の管理や完全な給餌をともなうからである。

縄文時代における飼養とは、東南アジアや沖縄方面での民族例で報告されているように、山野と集落とを自由に行き来するゆるやかな結びつきであったと思われる。一日一回程度、あまり物の餌を与えるだけで、村中や山林にてみずから採餌し、やがては野生イノシシの子どもを宿し村に戻ってくることもあるという関係である。現在でも、ウリボウの段階で保護され飼養されていたイノシシが二月ごろ山に帰ってしまったものの、五月にお腹が大きくなって民家に戻り出産した、山梨県道志村での事例がある。縄文時代における食料生産の実情からみても、小野正文氏の研究にもあるように、完全な飼育以前での状況がこのような半飼育的なあり方であったと考えている。

金生遺跡出土の雌雄の個体数が六一：五四とそれほど変わらないことも飼育には否定的といえる。飼育を前提とするならば雌の生存率は高くなければならないからである。金生の穴からは、幼獣以外にも三才以上という成獣の下顎骨が二三個体も出土している。祭りの直前に獲られたイノシシも用いられたのだろう。

なお、住居の覆土や遺跡全体の黒色土中から、焼かれて細かくなった骨片が数多く出土している。とくに晩期前半の30号B住居覆土からは焼けたシカの角の破片が五四九グラムも出土した。一般に後・晩期の遺跡からは焼骨片が多く出土する傾向があり、私はイノシシやシカなどの骨を細かく砕いて遺跡全体に撒いたと推測した。火をともなった祈りとともに豊饒への願いを込めた祭祀を考えたのである。

第４章　縄文晩期の情景

１　山岳遠望

尾根と谷

八ヶ岳南麓は北から南に傾斜する尾根が発達しており、尾根の両側には水場をともなう谷が走っている。金生集落も比高三〜五メートルの浅い谷を西に控えた、ゆるやかな傾斜の尾根上にある。東側にも川が流れているが比高は少なく、過去の洪水で埋没した谷と思われる。

金生集落を検討するうえで西側の谷が重要と考えている。調査前、ここには水田が発達し、冬場でも水がしみ出していた。土地の人の話でも湧水豊富な低地であったとのことである。試掘調査したところ、黒色土は堆積しているものの大小の礫で埋没しており、遺物豊富な泥炭層は確認できなかった。しかし、縄文時代には水量豊富な谷であったものと推測している。

全国的にも後期中ごろ以降、晩期の遺跡は集落の一部に低湿地や水場をとり込む傾向が強い。

金生集落に面した谷も、水場のみならず堅果類のあく抜きや加工、さらには生産の場としての低湿地であったと考えている。このような谷をとり込むことができるゆるやかな低位の尾根、それが金生集落を形成する一つの条件であったのだ。

山岳遠望と日没

金生遺跡に立って周囲をみまわしてみよう。まず南方、御坂山地のむこうに裾野をひろげた富士の峰があざやかにそびえている（**図2参照**）。富士山は一万年前に現在と近い姿になり、二千年前には最後の山頂噴火を迎える。つまり金生集落の人びとは現状に近い高さ・姿の富士山を望んでいたことになる。

西をみてみよう。ここには日本第二の標高の北岳をはじめとした南アルプス（赤石山脈）の高峰が連なっている。とくにピラミッドのように迫る甲斐駒ヶ岳は圧巻である。それにもまして惹きつけられるのは鳳凰三山の一つ地蔵岳のオベリスクとよばれる岩峰である（**図42上**）。

図42 ● 地蔵岳の岩峰と金峰山の五丈岩
西に南アルプス地蔵岳のオベリスク（上）、東に金峰山の五丈岩（下）。いずれも山岳信仰の拠点でもある。金生の大配石とのかかわりは？

東方に連なる秩父山塊の主峰・金峰山頂の五丈岩も同様である（図42下）。発掘調査中に、配石中の立石とこれらの岩峰とのかかわりが話題になった。西の地蔵岳と東の金峰山、二つの岩峰と大配石遺構の築造。縄文人の気持ちにもその意識が働いていたのかもしれない。

そして金生集落の背面である北方、ここには盟主赤岳をはじめとした八ヶ岳連峰がそびえ、両脇には広大な裾野が開ける。まさに金生の地は魅力溢れる山塊を遠望することができる立地にあるのだ。

さらに注目すべき現象が観察されている。一二月冬至のころ、太陽は甲斐駒ヶ岳山頂に沈む。現在の時刻で四時五分すぎ、金色の光の帯を放射状に発散しながら頂に落ち込んでいく太陽（図43）。やがて真っ赤に染まった夕焼けが徐々に色を失っていき、群青色の空に星の輝きがはじまっていくその光景には時間の経過も忘れる。太陽が甲斐駒ヶ岳山頂に沈むとき、それは一年の節目でもある。この冬至にあわせて、近隣の集落から人びとが金生集落につどい、イノシシを用いた祭祀がとりおこなわれたという推測もできる。

このときを境に少しずつ日脚がのび、日没の場所が八

図43●甲斐駒ヶ岳に沈む冬至の太陽
夕方4時5分すぎ、太陽は山頂に沈む。オレンジ色の光芒とともに、やがて冬至の短い一日が終わる。

ヶ岳山麓方面へと進み、春分、そして夏至へとむかう。西方の山に沈む夕日を観察することにより、金生の人たちは一年のサイクルをとらえることができたのではないか。そして月の満ち欠けにより一月の移ろいをつかむことができる。金生の大地にムラが営まれ、配石遺構が築かれた理由の一つに、山を展望することができる立地が意識されたものと考えたい。

2　縄文後・晩期集落と広域交流

八ヶ岳南麓の後・晩期集落

八ヶ岳南麓（図44）は、西は金生遺跡から長野県富士見町との県境をなす甲六川までが約八キロ、東麓との境である清里一帯までが同じく八キロほど。これに八ヶ岳の西を流れる釜無川と東を流れる川俣川・須玉川とにはさまれた山麓の標高一〇〇〇メートルラインを加えると、底辺一二キロ、高さ一二キロの逆三角形をなす八ヶ岳南麓の範囲が浮かびあがる。この中心に金生遺跡が立地する。

金生遺跡の北東三キロに石堂遺跡がある。後期前半から晩期初頭の大規模な配石遺構をともなう遺跡である。南西四キロの長坂上条遺跡も後期から晩期後半までつづく遺跡である。

八ヶ岳南麓において現状では、金生も含めたこの三遺跡が後期から晩期までつづく遺跡として知られている。しかし、この三遺跡のなかで後期前半から晩期後半まで明確に知られるのは金生遺跡だけであり、配石の規模が大きい石堂遺跡も晩期前葉で終わっている。長坂上条遺跡

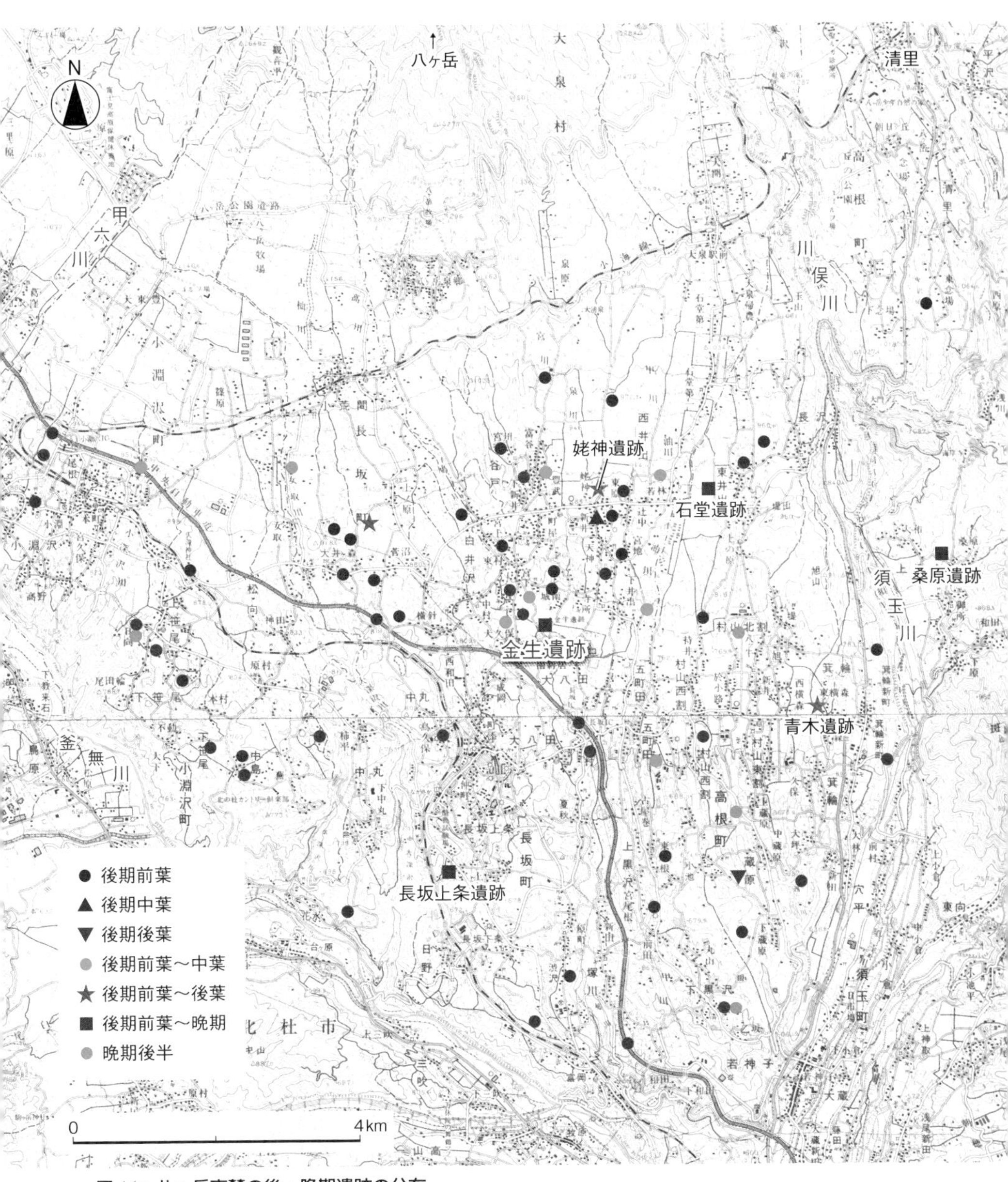

図44 ● 八ヶ岳南麓の後・晩期遺跡の分布
西を釜無川、東を須玉川にはさまれた逆三角形の八ヶ岳南麓。標高600〜1000mのあいだには、中期にくらべて少ないとはいえ、後・晩期にも大小のムラが営まれた（ただし後期中葉以降は減少していることがわかる）。

は、中期の大集落である酒呑場遺跡がのる高台から一段下がった、低湿地が前面にひろがるゆるやかな傾斜の斜面に位置しており、後・晩期集落の典型的な立地状況を示している。しかし、継続性の高い遺跡ではあるものの、金生遺跡ほどの遺構（住居や配石）の密度は確認されていない。

ほかにも後期から晩期までつづく遺跡が複数知られているが継続性は高くない。ただし、金生の東方四キロにある青木遺跡は後期中ごろから後葉にかけての石棺墓群をともなった遺跡として重要である。また金生の北東二キロの姥神遺跡は中期（曽利式）から後期（加曽利B式）の住居や配石、さらには後期後葉の土器も出土する遺跡であり、後期中ごろまではやはり規模の大きい集落であったとみられる。しかし、この二遺跡とも晩期まではつづかない。

こうしてみると金生集落の特徴は、後期前半に開始し後期後半になって発達し、晩期前半には最大限に展開しながら晩期後半までつづいたことにあるのではないか。後期前半（堀之内式から加曽利B2式）までは周辺に同規模の集落が点在しているものの、それ以降、八ヶ岳山麓における中心的な集落になっていったと考えている。焼けた人骨が納められた石棺状の施設をはじめ多くの石造遺構から構成される大配石、土偶や焼けた獣骨の多さなどから、金生集落がこの地域での重要な祭りの場となっていたことが推測できる。

土器の系統からみた後・晩期遺跡

このことは土器の系統からもうかがうことができる。金生遺跡の土器は、後期中ごろまでは

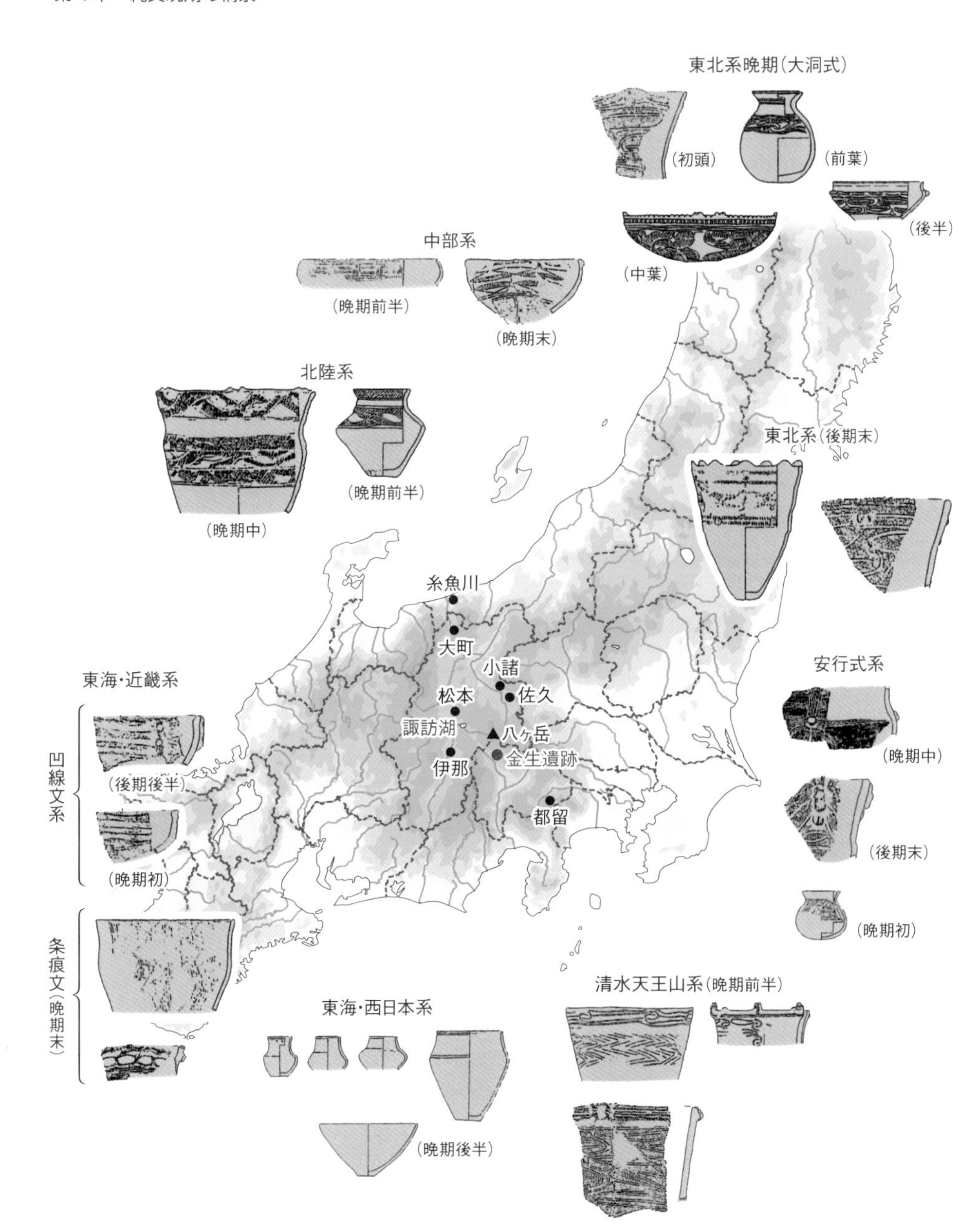

図45 ● 金生遺跡から出土した各方面の特徴をもつ土器
金生遺跡からは東北から近畿にいたる各地域の特徴をもった土器が出土しており、それぞれの地域と交流があったことを物語る。

関東方面とつながる堀之内式や加曽利B式の土器が出土するが、後葉になると中部高地の地域性が強い土器となり、晩期前半には清水天王山式土器へと展開する。同時に、関東地方の安行式系とともに東北系の土器が加わり、やがて北陸系、東海系も目立ってくる（図45）。

　こうした土器の交流は、清水天王山系は都留方面から甲府盆地をへて金生遺跡へとつながり、東北系は北関東の群馬方面から佐久地域・八ヶ岳東麓と関連し、東海方面とは伊那から諏訪をへて、また北陸方面とは糸魚川から大町・松本経由で八ヶ岳西麓から及んできたと考えたい。

　そしてこれらの交流の拠点となる集落が各地に形成されていて、これらを結んで広域交流がおこなわれたのではないか。松本盆地のエリ穴遺跡では、第3章でもふれたように大量の耳飾りが出土しており、それは金生遺跡とも共通する。諏訪地域には大きな遺跡はみられないが、茅野市の上之段(うえのだん)遺跡、富士見町の大花(おおばな)遺跡などでは金生と同時期の土器や住居が発見されている。佐久方面でも現状では大規模な遺跡はみつかっていないが、後期後葉の土器が出土する南牧村の中ノ沢遺跡、後期前葉から晩期終末の佐久穂町の封地(ふうじ)遺跡、晩期終末の小諸市の氷(こおり)遺跡などの遺跡が知られている。このなかで封地遺跡は、千曲川沿いの低位段丘上に立地する継続性の高い遺跡で、関東の安行系や東北の大洞系の土器も出土しており、東北や関東と八ヶ岳南麓とを結ぶルート上の集落として注目したい。

　金生遺跡を中心に六〇キロの円を描くと、その円周上には松本、小諸、都留・大月地域がのってくる。金生遺跡は八ヶ岳南麓の中心位置のみならず、各方面につながるルート上の交点にも位置することになる。

翡翠・黒曜石の交流ルート

こうした交流ルートを推定できる遺物に翡翠と黒曜石がある。

金生遺跡からは一〇点もの翡翠製垂飾品が出土している。大珠（図46左端、長さ七・五センチ）のほか、勾玉四、丸玉三を含み、近辺の遺跡とくらべると格段に多い。奥山和久氏の集成では、山梨県内では二五遺跡五二点とされる（二〇〇一年時点）。

金生遺跡の北方一キロにある天神遺跡は、前期後半（諸磯b式）にはじまるこの一帯の拠点集落であるが、ここからは国内最古級（諸磯c式期）の硬玉製品（長さ五・五センチ、図47）が出土している。大珠の初源ともいえる翡翠製品がこの天神遺跡から出土したことは、八ヶ岳山麓と生産地とを結ぶ交易ルートがすでに前期後半にできあがっていたことを意味する。

そして中期には多くの拠点集落に翡翠製品がもたらされているが、その延長に晩期の金生遺跡が位置

図46● 金生遺跡出土の翡翠製品など
大珠（たいしゅ）、勾玉、丸玉などに加工された製品。一つの遺跡からこれほど出土する例は少ない。単独あるいはいくつか組み合わされて身体を飾ったのであろうか。

づけられるものと思われる。

翡翠の原産地は新潟県の小滝川・青海川一帯であり、新潟県の寺地遺跡、長者ヶ原遺跡、富山県の境A遺跡などは翡翠加工にかかわった遺跡として知られている。この一帯から、糸魚川静岡構造線に沿ったルートをたどる交易路が八ヶ岳南麓に至っていたのである。後・晩期でも、この線上に翡翠製品の加工場でもある長野県大町市の一津遺跡をはじめ、松本市の女鳥羽川遺跡・エリ穴遺跡など長野県下の主要遺跡が位置している。

黒曜石は石鏃をはじめとした石器にとって重要な石材であり、最近の分析や研究から産地がくわしくわかってきた。中部・関東から出土する黒曜石の多くは長野県の和田峠一帯に分布する複数の産地が同定されている。長和町の星糞峠や下諏訪町の星ヶ塔には縄文人が黒曜石を採掘した鉱山跡が残されており、それぞれ国の史跡に指定されている。金生遺跡の黒曜石については、下諏訪町の宮坂清氏が「星ヶ塔」産が多いことを分析して、金生の集団が黒曜石の採掘にもかかわった可能性を考えている。

そのほか石鏃や剥片石器には岐阜県の下呂石、長野県と群馬県境の八風山系とみられる黒色緻密安山岩などもあり、他方面との交流によりもたらされたことが石材からわかる。

図47 ● 天神遺跡出土の翡翠製品
自然面を残しながらも管錐による穿孔や整形がなされている。大珠の初源ともいえる垂飾品。縁が美しい（長さ5.5cm）。

3　古代中国との交流を考える

石剣と青銅刀子

金生遺跡を代表する石器の一つ石剣についてはすでに第3章でみてきたが、図25①の石剣は薄く鋭い両刃を表現している。このように本体が両刃であり、しかも握る部分まで表現されていたり、片刃でも直刀のようであったりすると（図25⑥）、金属器とのかかわりを思い浮かべてしまう。

石剣ではないが、一九二六年に喜田貞吉氏が青森県津軽半島の宇鉄（うてつ）で出土した石刀を中国先秦時代の青銅製刀剣を模倣したものとした説や、一九六一年に柏倉亮吉氏が山形県鳥海山麓の三崎山から出土した縄文後期の青銅刀子を大陸起源とした説にあらためて注目したい。

三崎山出土の青銅刀子は中国殷代の製品といわれている。殷から西周の時代は紀元前一四〇〇〜七七〇年で、日本では縄文後・晩期にあたる。この青銅器が中国から日本列島に伝わり、それが模倣されて、石刀・石剣がつくられた可能性は十分にある。石材からみても緑色片岩や粘板岩が使われていることから、薄い刃の表現がたやすい。

晩期前半の完全な石剣が長野県伊那市の野口遺跡、栃木県小山市の乙女不動原北浦遺跡、埼玉県さいたま市の東北原（ひがしきたはら）遺跡、群馬県邑楽郡板倉町の板倉遺跡からも出土している。

これら石剣・石刀の起源については、列島内における石棒からの変遷や大陸からの影響を含めて多くの研究者により検討がなされてきた。一例をあげると、後・晩期の小型石棒や石剣・

石刀を刀剣形石製品とよび、いくつかのタイプに分類した後藤信祐氏は、中国の青銅短剣を祖形とするタイプも含まれると主張する。また、東北・北海道の晩期後半にみられる内反石刀と青銅刀子との関係を注視しながらも、仙台湾地域などで発達する骨刀との系譜にも注意を求めた野村崇氏の見解もある。

このような問題も含め石剣・石刀を簡単に金属器の模倣製品とする証明はなかなかむずかしいが、やはり大陸との交流の可能性は考えるべきであろう。

三足土器

同様に中国とのかかわりを想定できる遺物に三足（さんそく）土器がある。袋状の尖った脚部が三個つく壺形の土器で、青森県下で四例が知られている。とくに津軽半島の今津遺跡のものは赤彩された美しい土器で（図48）、新谷武・岡田康博両氏により、内反石刀とともに大陸の三足土器との関連を想起させる遺物として報告されている。

日本列島では三足だけでなく四足土器があることや亀ヶ岡式特有の壺形状をなすことから列島内での自生説も根強いが、菊池徹夫・岡内三眞・髙橋龍三郎氏が、青森県南部町の虚空蔵（こくうぞう）遺跡例をはじめ青森県下の四点の三足土器を詳細に観察し、大洞C1式期からA式初期に位置づけ

図48 ● 青森市今津遺跡出土の三足土器
上半部を欠くが、あきらかに袋状の三足をもつ。中国の鬲形土器に類似することから、その起源についてさまざまな研究がある。赤彩が施された美しい土器。

るとともに、形態や成形方法により殷末周初にはじまる中国東北部から沿海州にかけて分布する鬲との可能性を求めた。中国の考古学者、安志敏氏も青森県出土の三足土器をアジア東北部に分布する変型鬲形土器に属するものとみており、さきに述べた三崎山の青銅刀子も含めて日本海を越えての交流があったとする。

さて、金生遺跡からも晩期の尖り底の破片が二点出土している（**図49**）。①は乳房状の底部として報告したが、形態的には中国の鬲に類似することが気になっていた。

成形についてみると、まず丸底状の器形をつくり、それに乳房状の尖底部分をつけ加えている様子が断面から観察できる。外面は尖底のつけ根部分が明るい色調であるものの、他は黒く変色している。内面も底から六センチほど上からは黒色をなしており、煮炊きに用いられた土器であったとみられる。②は①よりもさらにするどい尖底をなす。小破片であるが、外面はよく磨かれており焼きも堅い。

これらの詳細な時期は不明だが、①は1号配石第3ブロックの南東遺構外包含層出土で、付近からは後期後半から晩期

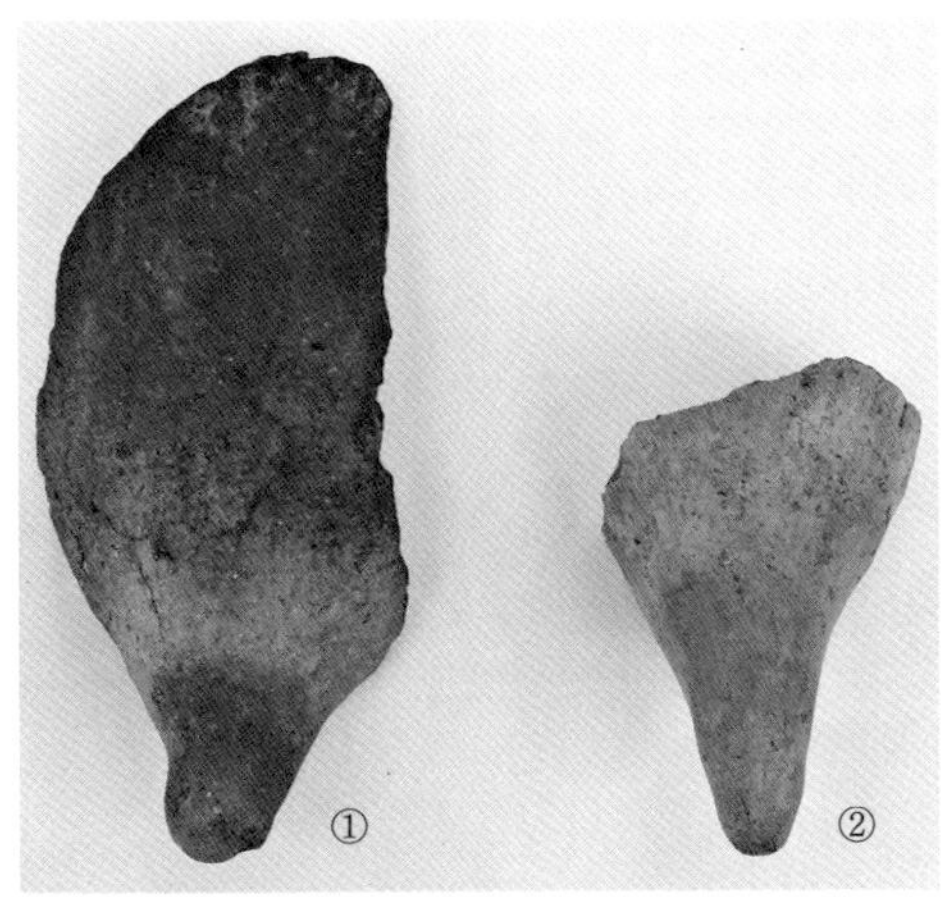

図49 ● 金生遺跡出土の尖底土器（左：外面、右：内面）
青森県の三足土器が寸詰まり袋状であるのにたいして、金生の2点はスマートな形状をしている。しかも赤彩は施されず、黒く変色し、実際に煮沸に使われたようだ。

前半の土器が多く出土している。②は晩期前半の31号住居の覆土から出土した。いずれも晩期前半の可能性が高いようだ。

どちらも土器全体の形は不明であり、三足であるかどうかもわからない。また三足土器の出土が青森県にかぎられることから、地域的にはまったく異なることになり、形態にも共通性はみとめられない。安志敏氏は「寸詰まりの袋状の足」という器形をアジア東北部変型鬲形土器の特徴としてあげ、大分県豊後大野市の秋葉遺跡出土の鬲形土器と称される足部先端については袋状でないことから疑問を呈している。金生遺跡の事例も青森県例のような変型鬲形土器とは異なるが、中国文物研究所の喬梁氏は中国周辺の鬲形土器の検討に金生例もとり上げている。

このように海を越えての文化の往来に目が注がれるようになっており、石剣や三足土器についてもその視点で考える必要があるのではないだろうか。

4　晩期終末のムラ

さて、晩期終末の浮線文土器の時期になると、それまでの低地傾向の遺跡立地に変化が生じ、河川沿いの低位段丘、扇状地の一端、中期的な高台などさまざまな場所に小さな遺跡が確認されるようになる。このことはそれぞれの地域に適した生業を求めて、小集団が居住したことを物語る。

中山誠二氏らは土器圧痕の研究により、北杜市白州(はくしゅう)町の屋敷平(やしきだいら)遺跡の浮線文土器や条痕文土器からアワ・キビ、金生遺跡の土器からはシソ属やアズキ近似種の種子痕を確認した。これらの成果も含め、とくに晩期後半という時代は、水辺の活用や河川沿いでの内陸漁業に加えて畑地での穀物やマメ類栽培など、あらゆる土地利用を求めた時代であったと考えられる。

金生遺跡でも縮小したとはいえ、17号住居や2号配石に代表される晩期後半の集落も依然として営まれつづけ、拠点としての機能を保っていたと思われる。八ヶ岳山麓においては弥生初期の条痕文土器を出土する遺跡が多いことも、このような晩期終末のムラで弥生文化の受容がおこなわれたことを意味するのであろう。

周囲の優れた山岳を眺望する立地環境にあって、後期の終わりごろから晩期前半に大きな集落として発達した金生のムラ。ここは、周辺の集落をとりまとめるような葬送儀礼や祭祀の場としての大配石を形成し、広く日本海から太平洋にいたるまでの地域との交流もおこなった中部山岳地域の中核をなす集落でもあった。その後、ムラは縮小したものの、縄文最後のときにいたるまで配石や土偶は役割を果たし、その光芒を保っていた。あらゆる環境のなかでの土地利用によりムラの存続が模索されていた時代でもあった。

そのころ日本列島にはすでに新しい弥生文化の波が押し寄せていた。やがてこの山麓にももたらされてきた弥生のなりわい。それは金生の地でも受容され、配石や土偶に代表される縄文の文化が終わりを告げる。

金生遺跡の発掘成果からは、まさに一万年以上つづいた縄文時代最後を彩った集落の消長を読みとることができるのだ。

第5章　よみがえる金生遺跡

1　配石と住居の復元

史跡指定と整備事業

一九八三年二月に史跡指定された金生遺跡であるが、その後、大泉村（当時）によって用地が取得され、一九八八年九月から一九九一年三月まで史跡公園としての整備事業がおこなわれた。その内容は大泉村により刊行された整備事業の報告書にくわしく述べられている。以下、この報告書の成果を加えながら紹介しよう。

金生遺跡は一九八〇年一二月の発掘調査が終了した時点で、史跡となる範囲三四〇〇平方メートルを砂で埋め戻し、そのままの状態で保存した。整備はまずこの埋め土を除去し、発掘当時の検出面を露出することから開始された。1号配石の整備にあたっては石組み遺構の性格やプランを確認するため、一部ではあるが石をはずして下部の状況を確かめた。それにより石組み遺構などが確認されたことは第2章で述べたとおりである。その後、遺構面保護のために盛土し、その上に住居や配石などの遺構を復元した。なお、下部の調査は1号配石の一部に止めたことから、住居跡や配石も含めた保存区域全体のくわしい検証は将来に委ねられている。

復元は金生集落がもっとも発達した晩期前半期の遺構配置と景観を目的とした。保存区域内には後期前葉から晩期後半の住居が一八基、晩期前半を最終段階とする1号配石、晩期後半の2号配石が残されている。

この内の1号配石とその北側に等間隔でならぶ五基の住居が表示され、その内の三軒は上屋も含めた建物を復元している。なお2号配石は晩期後半の遺構ではあるが、金生遺跡を代表する中空土偶や丸石・石棒をともなうほかに類をみない配石遺構であることから復元展示し、ほかの遺構と区別するために木造による覆屋が設けられた。

1号配石の復元

配石は方形・円形石組み、石棺状石組み、立石・平石など複数の遺構から構成されており、できるだけこの構成要素がわかるように復元を試みている。とくに1号配石の特色は膨大な量の石を使用していることであり、その質量感の表現が

図50●整備された金生遺跡と圃場整備後の水田
整然と区画された水田にかこまれ、史跡金生遺跡の整備が終了した。中央に復元された住居3棟、その南（右）に隣接して1号配石の石群がみえる。左端の小屋は、2号配石の覆屋。

重要視された。用いられた石は大半が八ヶ岳山麓から産出する複輝石安山岩であることから、山麓上流の川俣渓谷から許可をえて大中小（長径五〜八〇センチ）三一四〇個を採集し、花崗岩類の立石や大石は白州町・武川（むかわ）町の釜無川産を用いた。配石内に立てられた三個の大形石棒は、同種の安山岩で複製品をつくり配石中に固定している。配石周囲の地面は凍結・風雨日射への耐久性、人為的衝撃への維持、土の質感などを考慮して試験施工がおこなわれ、結果として砂質土・砕石・セメントなどを用いたソイルセメントが採用された。

住居の復元

住居は1号配石北側にならぶ五基を復元対象とし、このうち西側の14号・18号の二基はプラン表示のみ、東側の10号・11号・13号の三軒を復元している。

上屋施設の復元では、壁立を想定するとともに、寒冷地であることから土葺機能も含めて検討し、土壁をともなった土葺屋根という構造で復元を試みた。屋根は逆葺による茅仕上げとなっており、1号配石の膨大な量の石の集まりとともに金生遺跡特有の景観をなしている。

壁立住居を想定した理由としては、第2章でも述べたように、平地住居の可能性を考えたからである。掘り込みがあったとしても浅いものであり、壁立でなければ内部の居住空間が狭くなってしまうと考えられた。発掘調査では屋根材・壁材も含め土葺・土壁の痕跡はまったく確認できなかったが、整備事業の設計管理を担当した中田英史研究員（当時）を中心とした群馬県榛東（しんとう）村の茅野遺跡での縄文晩期住居例をはじめ、渋川市の黒井峯遺跡の古墳時代の集落例、さらにはオホーツク海沿岸からベーリング海沿岸・北アメリカなどの民族例も加えた検討から土葺機能が考えられた。今回の復元では、土葺・土壁とはいっても下地には粗朶（そだ）および茅が用いられており、住居内面の天井や壁は茅を露出することで屋内環境を整えている。

柱の配列形態についても、発掘調査では確認されていないことから、床面下の剝ぎとり調査を実施した保存地区以外の事例を参考にして柱構造を想定した。25号（晩期中葉）、31号（晩期前葉）、38号（晩期初頭）では炉をとりまくように主柱穴とみられる穴があり、周石側にも複数の穴が確認されている。29号（晩期後半）では石列の外側に複数の穴がめぐっている。これらを参照して主柱および支え柱からなる構造が考えられた。また、敷石が住居本体の南角から張り出している18号およびその痕跡が確認された13号を根拠として、入り口を方形住居のコーナーに設けた。

復元住居完成後、一二月に内部状況体感のため住居内で夜間をすごしたことがある。冬期にもかかわらず炉での焚き火だけで寒さは感じなかった。立ち上がると煙いものの、座った状態では煙は頭上にあり不都合さは感じなかった。入り口の高さと屋根に設けた煙出しの位置が重要であることが確認できた。

図51 ● 住居の復元作業
土を塗る前の粗朶（そだ）および茅の下地。

2 史跡公園と考古資料館

整備終了後、大泉村（当時）教育委員会を中心に子どもたちを対象にした、縄文料理・火起こし体験・勾玉ペンダントづくりを含む「金生いせきまつり」が定期的に開催されたほか、一般を対象とした講演会や史跡説明会など、史跡公園を活用した事業が数多く催されてきた。とくに冬至の前後一週間ほどは南アルプス甲斐駒ヶ岳山頂に夕日が沈むことから、日没観察会がたびたび催され金生遺跡の意義をさぐってきた。

金生遺跡の北二キロには、国指定の史跡である中世の谷戸城が位置しており、これら史跡を結ぶ見学会もおこなわれている。この谷戸城に接して旧大泉村の時代に谷戸城資料館が建設され、合併後は北杜市考古資料館として新たに整備され、市内の考古遺物の展示がおこなわれるとともに、特別展示や各種講演会も開催されている。とくに金生遺跡の資料については、復元模型やさまざまな出土品が展示されており、金生遺跡現地と組み合わせることにより、いっそう理解が進む工夫がなされている。

発掘調査からすでに四〇年がたち、いくつかの課題もある。まず金生集落のひろがりについ

図52 ● 整備完成直後の金生遺跡
雪の八ヶ岳を背景にした壁立住居と大配石からなる金生遺跡特有の景観。

てのさらなる把握である。整備後も農道拡幅にともなう発掘により、後期（堀之内式）の敷石住居や土坑が発見されており、今後周囲における詳細な分布調査が必要となろう。さらに保存地区の下部については自然科学分析も含めた計画的・総合的な学術調査が望まれる。配石のはじまりと展開、各ブロックの構成要素、住居下部の状況などを知ることができるからだ。報告書も刊行されているが、膨大な資料の一部に限られており、山梨県から北杜市にそのデータすべてが引き継がれて再整理はおこなわれたものの、縄文後・晩期における集落構造や生産形態、さらには他地域との交流の様相など、全容の解明にはまだ多くの課題がある。

発掘調査の計画から調査の実施、遺跡保存と工事計画との調整、土地公有化にはじまる史跡整備、そして活用と管理。この四〇年ものあいだ、じつに多くの方々や機関のご協力をいただいてきた。整備された田園や集落こそ現在の風景ではあるものの、遺跡から展望する周囲の山並みは縄文後・晩期の人びとが望んだ景観そのものでもある。環境も含めて歴史を体感する場がこの地に残された意義は大きい。本文でふれることができたさまざまな成果も含め、お世話になった多くの方々には感謝の気持ちで一杯です。

図53●埋め戻し終了後の調査参加者記念写真（1980年12月）

参考文献

安志敏　一九九五「記日本出土的鬲形陶器」『考古』五　科学出版社

安志敏（熊倉浩靖訳）二〇〇五「縄文時代の鬲形土器と有孔石斧」『東アジアの古代文化』一二四号　大和書房

石坂　茂　二〇〇四「関東・中部地方の環状列石」『研究紀要』二二（財）群馬県埋蔵文化財調査事業団

井戸尻考古館　二〇〇五「井戸尻文化の時代」『井戸尻考古館建館三十周年記念講演録集』

奥山和久　二〇〇一「縄文時代における翡翠・琥珀・水晶の交易について」『山梨県考古学協会誌』一二号

小野正文　一九八四「縄文時代における猪飼養問題」『甲府盆地―その歴史と地域性―』地方史研究協議会

柏倉亮吉　一九六一「三崎山出土の青銅刀」『東北考古学』二輯

梶原　洋　一九八九「金生遺跡出土石器の使用痕分析」『金生遺跡II　縄文時代編』山梨県埋蔵文化財センター調査報告書四一集

金子浩昌　一九八九「金生遺跡出土の獣骨」『金生遺跡II　縄文時代編』山梨県埋蔵文化財センター調査報告書四一集

菊池徹夫・岡内三眞・髙橋龍三郎　一九九六「青森県虚空蔵遺跡出土土器の共同研究」『早稲田大学大学院文学研究科紀要』四二輯（第四分冊）

喜田貞吉　一九二六「奥羽地方に於けるアイヌ族の大陸交通は既に先秦時代にあるか」『民族』一―二

喬　梁　二〇〇二「中国境外発現的鬲形陶器」『文物』第一期　文物出版社

後藤信祐　二〇〇七「刀剣形石製品」『縄文時代の考古学』一一号　同成社

佐野　隆　二〇〇一「金生遺跡と階層性」『山梨県考古学協会誌』一二号

新谷武・岡田康博　一九八六「青森県平舘村今津遺跡出土の鬲状三足土器」『考古学雑誌』七一―二

中山誠二編　二〇一四『日韓における穀物農耕の起源』山梨県立博物館

長崎元広　二〇一九「信濃の独鈷石とその周辺（1）（2）」『長野県考古学会誌』一五七・一五八号

新津　健　一九九二「縄文晩期集落の構成と動態」『縄文時代』三号

新津　健　一九九八「異系統との出会い」『山梨県考古学協会誌』一〇号

新津　健　二〇〇七『猪の文化史』雄山閣

野村　崇　一九七八「北部日本における縄文時代晩期の石刀について」『北海道開拓記念館研究年報』六号

松本市教育委員会　二〇一九『エリ穴遺跡』松本市文化財調査報告№二二八

宮坂　清　二〇一二「縄文石器における黒曜石の利用形態」『季刊考古学』一一九号　雄山閣

山梨県北巨摩郡大泉村　一九九一『史跡金生遺跡保存整備事業報告書』編集（株）文化財保存計画協会

山梨県教育委員会　一九八九『金生遺跡II　縄文時代編』山梨県埋蔵文化財センター調査報告書四一集

八幡一郎　一九三三「石刀の分布」『人類学雑誌』四八―四

○本書執筆にあたりつぎの方々や機関にお世話になった。感謝申し上げます。
一之瀬敬一、小林健二、佐野隆、塚原明生、長谷川誠、広瀬公明、藤森英二、松浦宥一郎、村松佳幸、八巻與志夫、山下孝司、北杜市教育委員会、山梨県立考古博物館、山梨県埋蔵文化財センター（五十音順、敬称略）

史跡金生遺跡公園

・山梨県北杜市大泉町谷戸１０５
・問い合わせ　北杜市考古資料館
・開園日　年中無休
・交通　ＪＲ中央本線長坂駅からタクシーで20分。車で中央自動車道長坂ICから約10分。

縄文晩期の配石遺構と土壁構造の住居を復元している。富士山、八ヶ岳、南アルプス、秩父連峰を眺望できる。

史跡金生遺跡公園

北杜市考古資料館

・北杜市大泉町谷戸２４１４
・電話　０５５１（２０）５５０５
・開館時間　９：00～17：00（入館は16：30まで）
・入館料　高校生以上２１０円、小中学生１００円
・休館日　火・水曜日（休日の場合は、その直後の休日でない日）、休日の翌日、12月28日～１月４日
・交通　長坂駅より北杜市民バス「ＪＡ大泉支店前」下車、徒歩約６分。車で長坂ICから約10分

北杜市考古資料館

北杜市内の遺跡からの出土品を展示する。常設展示室で中空土偶などの出土品と配石遺構の模型で金生遺跡を解説している。金生遺跡まで徒歩20分。

山梨県立考古博物館

・甲府市下曽根町９２３
・電話　０５５（２６６）３８８１
・開館時間　９：00～17：00（入館は16：30まで）
・入館料　一般・大学生２２０円、高校生以下無料
・休館日　月曜（祝日の場合は翌平日）、12月29日～１月１日、１月の第２火曜日～翌週月曜日まで
・交通　甲府駅から山梨交通観光バス中道橋経由豊富行「県立考古博物館」下車。新宿から高速バス甲府行（南甲府経由）「中道」下車徒歩５分。

常設展示の縄文時代コーナーで、山梨県の縄文土器を多数展示、金生遺跡のジオラマや県内遺跡の竪穴住居を復元、縄文人の生活を再現している。

遺跡には感動がある

――シリーズ「遺跡を学ぶ」刊行にあたって――

「遺跡には感動がある」。これが本企画のキーワードです。

あらためていうまでもなく、専門の研究者にとっては遺跡の発掘こそ考古学の基礎をなす基本的な手段です。また、はじめて考古学を学ぶ若い学生や一般の人びとにとって「遺跡は教室」です。

日本考古学では、もうかなり長期間にわたって、発掘・発見ブームが続いています。そして、毎年厖大な数の発掘調査報告書が、主として開発のための事前発掘を担当する埋蔵文化財行政機関や地方自治体などによって刊行されています。そこには専門研究者でさえ完全には把握できないほどの情報や記録が満ちあふれています。しかし、その遺跡の発掘によってどんな学問的成果が得られたのか、その遺跡やそこから出た文化財が古い時代の歴史を知るためにいかなる意義をもつのかなどといった点を、莫大な記述・記録の中から読みとることははなはだ困難です。ましてや、考古学に関心をもつ一般の社会人にとっては、刊行部数が少なく、数があっても高価なその報告書を手にすることすら、ほとんど困難といってよい状況です。

いま日本考古学は過多ともいえる資料と情報量の中で、考古学とはどんな学問か、また遺跡の発掘から何を求め、何を明らかにすべきかといった「哲学」と「指針」が必要な時期にいたっていると認識します。

本企画は「遺跡には感動がある」をキーワードとして、発掘の原点から考古学の本質を問い続ける試みとして、日本考古学が存続する限り、永く継続すべき企画と決意しています。いまや、考古学にすべての人びとの感動を引きつけることが、日本考古学の存立基盤を固めるために、欠かせない努力目標の一つです。必ずや研究者のみならず、多くの市民の共感をいただけるものと信じて疑いません。

二〇〇四年一月

戸沢充則

著者紹介

新津　健（にいつ・たけし）

1949年、山梨県生まれ。

上智大学大学院修士課程文学研究科史学専攻修了。

元山梨県埋蔵文化財センター所長。現在、昭和測量株式会社文化財調査課研究顧問、山梨英和大学非常勤講師。

専門分野　考古学（縄文時代）、文化財保護（史跡・景観関係）。

おもな著作　『猪の文化史』（考古編・歴史編、雄山閣）、『新版　山梨の遺跡』（山梨県考古学協会編共同執筆、山梨日日新聞社）、「土偶付土器の実態と出現の背景」『縄文時代』第30号（縄文時代文化研究会）ほか。

●写真提供（所蔵）
北杜市教育委員会：図1・3・4・8～10・11（下）・13～15・17・18（下）・19（下）・21・27・49～53・遺跡博物館紹介／塚原明生氏撮影（北杜市教育委員会）：図20・22・25・29～31・36・38・40・46／都留市教育委員会ミュージアム都留：図33／山梨県立考古博物館：図39・47／青森県埋蔵文化財調査センター：図48

●図版出典（一部改変）
図6：国土地理院20万分の1地勢図「長野」「甲府」／図7・18（上）・23・24・34：山梨県教育委員会 1989『金生遺跡Ⅱ　縄文時代編』／図11（上）・16：新津 2009「金生遺跡1号配石の構成と系譜」『山梨県立考古博物館研究紀要』25号／図19（上）・32・37：山梨県 1999『山梨県史　資料編2　原始／古代』／図35：新津 1998「異系統との出会い」／図44：国土地理院5万分の1地形図「八ヶ岳」「韮崎」、新津 1992「縄文晩期集落の構成と動態」

上記以外は著者

シリーズ「遺跡を学ぶ」146
大配石と異形の土偶　金生遺跡

2020年 8月 10日　第1版第1刷発行

著　者＝新津　健

発行者＝株式会社 新 泉 社
東京都文京区本郷2−5−12
TEL 03（3815）1662／FAX 03（3815）1422
印刷／三秀舎　製本／榎本製本

ISBN978−4−7877−2036−8　C1021

シリーズ「遺跡を学ぶ」◎八ヶ岳山麓の縄文遺跡

004
原始集落を掘る　尖石遺跡
勅使河原彰

自由奔放で勇壮な精神あふれる土器群を残した八ヶ岳西南麓の縄文人。彼らの生活を知りたいと、竪穴住居址の完掘、縄文集落の解明、そして遺跡の保存へと、みずからの生涯を賭けた地元の研究者・宮坂英弌の軌跡をたどり、縄文集落研究の原点とその重要性を熱く語る。１５００円＋税

071
国宝土偶「縄文ビーナス」の誕生　棚畑遺跡
鵜飼幸雄

信州は霧ヶ峰の南麓、正面に八ヶ岳連峰を見渡す棚畑遺跡で、素晴らしい造形美の大形土偶がみつかった。縄文時代の遺物で初めて国宝となったこの「縄文ビーナス」は、何のために作られたのか。縄文王国と称されるほど繁栄した縄文中期集落の探究からその謎に迫る。１５００円＋税

120
国宝土偶「仮面の女神」の復元　中ッ原遺跡
守矢昌文

八ヶ岳西山麓の大規模集落から出土した大形の仮面土偶。縄文王国と冠されるほどに繁栄した山麓の集落群が急激に減少する縄文時代後期、縄文人は死者にたむけたように埋置されたこの土偶にどんな願いを込めたのか。発掘を担当した著者がその謎を解き明かしてゆく。１６００円＋税

新泉社